深い学びを促進する

ファシリテーションを学校に！

青木将幸
Marky meeting facilitator

ほんの森出版

深い学びを促進する
ファシリテーションを学校に！
もくじ

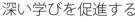

プロローグ

学習者の興味・関心から学びをスタート

皆さん、こんにちは。ごきげんいかがでしょうか？

これより、『ファシリテーションを学校に！』というタイトルで、この本を始めていきたいと思います。私は案内役の青木将幸と申します。どうぞよろしくお願いします。

まずは、ちょっと長めに自己紹介させていただきます。

ちょっと長めの自己紹介

青木将幸（あおきまさゆき）と申します。紀伊半島の南側「熊野」地方の出身です。

高校時代までの一八年間を、海青く、山青く、空青い熊野で過ごしました。大学のときに東京に出て、一八年間、東京で過ごすことになります。大学では環境問題を専攻。学生時代から環境NGO活動に取り組みます。卒業後に、企画や編集・環境コミュニケーションなどを扱う会社に入って修行をつみ、二七歳のときに「青木将幸ファシリテーター事務所」を立ち上げました。三六歳のとき、東京から妻の実家のある淡路島に移住。大阪湾と瀬戸内海の間に浮かぶ国生み伝説のある島から、全国各地に出かける日々です。

私の仕事は、ミーティング・ファシリテーターといって、会議や話し合い、ワークショップの進行役をすることです。毎日、いろんな地域や会社や組織に出かけていって、ヨソモノとして話し合いや会議を促進しています。企業や行政やＮＰＯの会議を進行することもありますし、商店街や地域の住民会議のような場をお手伝いすることもあります。

小学校の職員会議や、生徒会の話し合いを手伝ったこともあります。小学校の職員会議は未知の世界で、とっても面白かったです。

今、私が住んでいる地域のある小学校の職員研修を継続的にお手伝いしているのですが、先生たちの話し合いのスタイルというか風習が、けっこう独特で、とても興味深い。組織が違えば、会議スタイルも違うんだなぁと、興味津々でかかわっています。

というわけで、会議のファシリテーションがメインの仕事ですが、それに次いで「教える」仕事もけっこうあります。会議や話し合いの方法を教えたり、ファシリテーションの技術をお伝えしたり。山梨にある都留文科大学をはじめ、いくつかの大学で「ワークショップ論」や「ファシリテーション実習」といった講義を持っていて、大学生を相手に教壇にも立っています。

自己紹介をすること、してもらうことが持つ意味

本の冒頭で、こんなふうに長々と自己紹介しますと編集部にカットされ、「早く本論に入ってください」と促されがちです。でも、ここはあえて自己紹介させていただきました。それは、私の肩書きである「ミーティング・ファシリテーター」って聞き慣れないものでしょうし、何よりフ

ァシリテーションを考えるうえで、自己紹介ってけっこう大事なことだと思うからです。

自己紹介を丁寧にするというのは、「その場にきちんと現れる」ということにつながります。「今、この場を聞き進めていくのは、こんな人ですよ。どうぞよろしく！」という意味をこめて、冒頭に丁寧な自己紹介を行うのは大切なことだと思います。

同時に、学習者一人一人のことをよく知るために、相手のことを教えてもらう時間も丁寧にとる必要があります。

これは、こちらが「伝えたいこと」「教えたいこと」も大事ですが、同様に「学ぶ側が知りたいこと」「学びたいこと」「今、気になっていること」も大事だと思うからです。

ですので、私は何かを学ぶ場（研修会や授業）を開くときは、参加する方々の言葉をお聞きしてから始めるようにしています。参加者の声を聞き、用意していた資料を配付せずに、内容を大きく変えることもたびたびあります。

なぜ、そんなことをするのでしょう？

それは、「そうしたほうが、学びは深まる」と思うからです。

学習者の興味・関心から学びをスタートさせることは、一人一人の主体性を高めます。今、学ぼうとする方々が何に興味があって、何がわからなくて、どんなことを知りたくて、どういう段階にいるのか？　ここをスタートに学びを開始すると、スムーズに展開することが多いのです。

深い学びを促進しようと思ったら、「教える側」が何かを手放さないといけないことがあります。おそらく、ここが大きな分岐点になるだろうと私は考えます。

もともとファシリテートという言葉は「容易にする」という意味の言葉です。「簡単にする」「〇

○しやすくする」という意味から、「促進する」といった意味合いを持つようになりました。会議や話し合いでは、参加者の一人一人の発言を促し、相互交流を促進することがファシリテーションです。学習の場面では、一人一人の当事者性を引き出し、他者とのかかわりの中で、より深い学びへといざなうようなかかわりと考えていいでしょう。そういう意味では、教師はすでにファシリテーターとして機能している側面がたくさんあるように思います。

教育にかかわる人間の一人として、学習者一人一人がのびのびと学ぶことができ、互いに切磋琢磨できる場をつくれたらなぁと思う日々です。

ワーク「私がファシリテートされたとき」

さて、ここでみなさんに質問です。

みなさん、自分が「おー、ぐんぐん学べているな」と感じた経験はおありでしょうか?

おそらく、多くの方は経験あるかと思います。

人生にはいろんな時期があります。伸び悩む時期や、学びが進まない時期もあります。逆に、ぐんぐん学びが進み、成長するタイミングもあるはずです。

ここでは、後者にあたる「ぐんぐん学べている時期」をまず思い起こしてほしいと思います。

これは、「私がファシリテートされたとき」という題で行う、ワークです。自分自身がファシリテートされていたなという瞬間を思い起こすことを通じて、他者をファシリテートできるきっかけをつかむためのものです。

ファシリテーター・トレーニングのワーク

「私がファシリテートされたとき」

あなたの人生のなかで、「ぐんぐん学べている時期」を思い出してみましょう。

それはどんな状況でしたか？　下のスペースに状況を絵で描いてみましょう。

周りの人は、どういうふうに自分を支えてくれていたでしょう？　当時の自分が思っていたことや、周りの人からもらった言葉、どういうふうに自分が学んでいたのかなどを、絵の周りに、言葉で書き足してみましょう。

人は、どんなときに学ぶのでしょうか？

みなさんが周りの人と、いい意味での切磋琢磨ができていたのは、いつごろでしょうか？

このことへの理解が深いと、子どもたちに対しても、より丁寧に学びの場をつくることができます。

このワークの一つのポイントは、自分が「ぐんぐん学べている時期」の状況を「絵で描く」ということです。

上手な絵じゃなくてもけっこうです。その絵のなかに、当時の自分が置かれていた状況がある程度見えればよいのです。絵にすると、おそらく文章で書くより当時のイメージがよみがえってくるのではないでしょうか。

多くのファシリテーターが、いろんな場面で「絵を描く」という手法を使います。もちろん「文字で書く」という手法もよく活用しますが、「絵」はまた格別です。まだ言語化できていない過去の体験や未来へのイメージを書き表すことができるからです。

では、今から一〇分ほどの時間をとって、このワークをやってみてください。もし、近くに気の合う同僚や仲間がいたら、同時に書いてみて、それをもとに話し合ってみても面白いと思います。

私の場合…

「私がファシリテートされたとき」のワーク、いかがだったでしょうか。

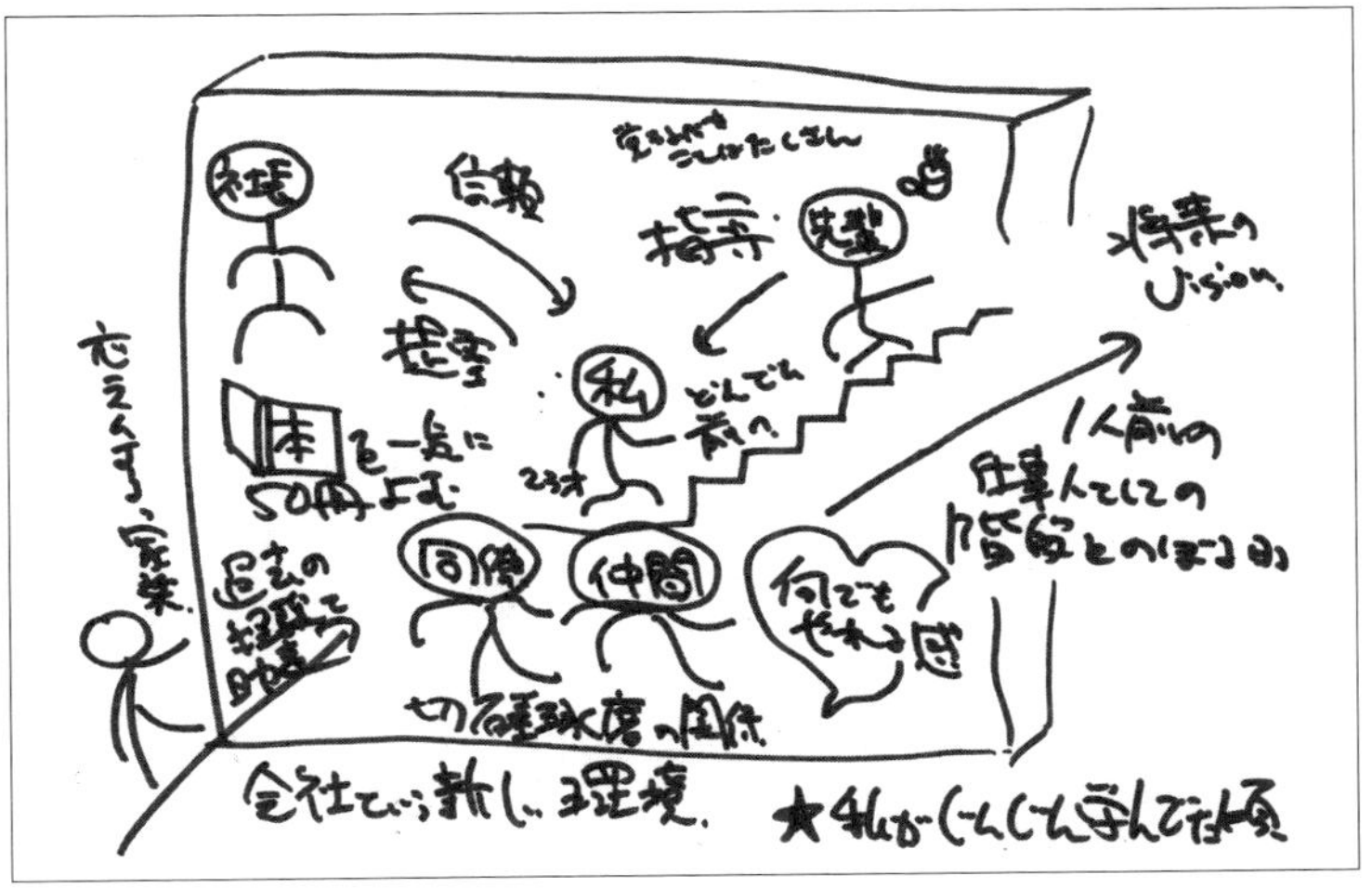

上の私の描いた絵も見てみてください。

当時の年齢は、二三歳。入ったばかりの会社で、覚えることがたくさんありました。

社会人一年生の私に指導係の先輩がついて、仕事の基礎を一から教わります。コピーのとり方、名刺の渡し方、お客様への珈琲の出し方など、細かなところに仕事の基本がたくさん詰まっていました。

自分では気がつかなかったような細かなことが、実はとても大切で、意味がある。そういうことを学ぶ日々で、僕は大きく成長しました。

社長が、とても私をかわいがってくれ、信頼してくれたので、がんばろうという気持ちに燃えていました。社長はつねづね「君が思ったように、まず提案してみなさい」と言ってくれました。提案すると「よし、じゃあそれでやってみよう」と取り入れてくださることが多かったので、ますますよい提案をしようという気持ちになりました。

同期入社の二人からも、大きな刺激を受けました。よきライバルとして、お互いに伸びていたことを確認できたので、切磋琢磨しながら日々の仕事に向かっていたことを昨日のように思い出します。

人はどんなときにぐんぐん学ぶのか？

こうした私の体験から、どんなときに人はぐんぐん学ぶのかを考えてみます。

新しい環境に身を置いたとき

人は、新しい環境に身を置いたとき、学ぶのだと思います。自分がこれまで見えてなかったことが見え、「なんだ、こういう世界もあるんだ！」と目を見開いている瞬間は、何を見ても新鮮で、情報が体のなかにたくさん入ってきて、吸収するスピードも速いものです。

以前、教わった先生の一人が、「すぐれた教師は、あまり多くを教えない。生徒が『なんだこれは？』と興味を持ち、『もっと学びたい！』と思う場に連れていけば、それで半分以上の仕事をしたことになる」という言葉をプレゼントしてくれたことがあります。

例えば、新しい環境をつくるために、子どもたちと校外に出かけることは、とても重要な学びのきっかけをつくることになります。ぜひ積極的に街に出てほしいものです。でも、毎日のように校外に出るわけにもいきません。では、どうやって教室のなかで「新しい環境」をつくることができるのでしょうか？

ここは少し知恵が必要なようです。例えば「席替え」をするというのも、その一つの手段でしょう。また、僕の知っているファシリテーター型の教師（実は第二章で対談をしている、岩瀬直樹さんのことです。）は、教室の後ろに一〇〇冊を超える絵本や児童書を配置して、「読書コーナー」をつくっていました。教室にそういう空間ができただけでも、子どもたちが学ぶ意欲が高まるきっかけになるでしょう。「命の大切さ」を理解してもらうために原寸大の牛のタペストリーを教室に飾ったという例も聞いたことがあります。壁に貼る何かを変化させたり、床に何かテープを貼るなど工夫したり、ちょっとした工夫で、普段の教室が新しい環境に変化します。

やり方を教わることができ、それを発揮する機会がある

人は、教わったことをさっそく試したいものです。ただ教わるだけでは身につかず、それを活用し、「学んだことが役に立った！」という実感があると、なお学ぼうという気持ちになる。逆算すると、人に何かを教えようとするとき、教えたあとにそれを発揮できる機会を与えるよう考えておくことが大事です。

私は直属の先輩から名刺の渡し方や電話の応答の基本を教わり、それをさっそく実践する機会をいただきました。社会人であれば当たり前のことですが、うまくやれたときの感動は大きかったと思います。

チャレンジをしているとき

人は、チャレンジをするとき、学び、成長するのだと思います。でも、チャレンジをするとき、人はどうしても不安になったり、迷ったりするものです。気弱になることもあるでしょう。そのため、周りの支えがあるかどうかが、チャレンジし続けられるか、やめてしまうかの一つの境目

ではないかと思います。

ですから、よき教師は、それぞれの生徒たちに、チャレンジを推奨し、そのうえで伴走します。チャレンジは強制されるものではなく、自分の意思で、「よしやるぞ！」と思えることが大事です。そのあたりの塩梅をうまく整えるのが学びの場づくりをする教師、ならびにファシリテーターにとって必要な素養と言えるでしょう。

＊

「人はどんなときにぐんぐん学ぶのか？」を考えるうえで、私自身の経験を思い起こした絵から、少なくとも上記の三つのヒントを読み解くことができました。おそらく、もっとたくさんのヒントがこの絵のなかに隠されていることでしょう。

さて、みなさんはどのような絵を描いたでしょうか？　そして、そこから読み解けるヒントとは何でしょうか？　ぜひそれを見つけてくだされればと思います。そして、もしよかったら同僚の先生方にも同じような絵を描いてもらい、互いに話し合ってみてほしいと思います。「そうか、人はこういうときに、ぐんぐん学び、成長するんだ！」ということに気がつくのではないかと思います。

第１章

ファシリテーションの基本スキル

1 質問がたくさん出る状態をつくるには？

先日、ある方の講演を聞きにいったときのことです。講演を聞いたあと、司会の人が「大変貴重な講演ありがとうございました。では、フロアの皆さんからご質問をいただきたいと思います。質問のある方は挙手をしてください」と言って、「しーん」となった場面に出くわしました。はい。お察しのとおり、司会者にとって、これは試練の時間です。「誰か一つでも質問してほしい！」と思って会場を見るけれど、当てられないように、みんなが下を向いている……。「質問ありませんか？」と再び問いかけるも反応がなく、結局、誰からも質問が出ないと判断した司会者は、「皆さん、深く納得されたようで、大変すばらしい講演でした」となんとか締めくくって、会が終わりました。

読者の皆さんも学校の外からゲスト講師を招いてお話ししてもらい、司会をしたことがあるかもしれません。ご自身が講師になった経験もあるかもしれませんし、日々の授業では毎日のようにお話しになっているわけです。また、講演を聞いていて「質問しやすいな（あるいは質問しづらいな）」と感じたこともあると思います。

そのような経験を踏まえて、考えてみてください。講演や講義、授業を聞いたあとに、学習者から活発に質問が出るために、どのような工夫をしていますか？　あるいは、どんな工夫をすれば、一人一人の学習者から質問がたくさん出ると思いますか？　次の空白に、思いついたことを書いてみましょう。

学習者から質問が活発に出るために、どのような工夫をするとよいでしょうか？

先日、私が主催した「本番で力を発揮する方法」というテーマの勉強会では、遠方から講師をお招きし、講演していただきました。その講師は、キックボクシングの元チャンピオンで、今はジムを経営なさっています。普段から同じテーマの講演をよくしているのですが、「こんなにたくさん質問が出るとは、驚きました！」と言って帰られました。

私がどのような工夫をしているのか、簡単に紹介したいと思います。講座の司会をするときだけでなく、普段の会議や研修の場面などに活かせるヒントも拾ってもらえるとうれしいです。

ポイント1　講師より先に学習者が口を開く

はじめのポイントは、「学習者スタート」で始めるということです。通常、講演会や学習会では、まず講師の話を聞く「講師スタート」で行われることが多いと思います。このやり方だと学習者は「今日はこの方の話を聞けばいいんだな」と受け身のモードになりがちです。なので、私は、まず、講師より先に、学習者が口を開くようにしています。

人数が一五名以下であれば、講師の話を聞く前に、「ではまず、話を聞く側から、簡単に自己紹介しましょう。お名前と、今日のテーマについて思うことや知りたいことを一言、どうぞ!」と言って、回します。すると、「私は、本番に弱いので、どうやったら緊張しないかを知りたい」「私は急に話を振られるとしどろもどろになりがちで、困っています」などと、学習者が自分の課題や困っていることを話すことになります。

このプロセスを経ることで、単なる勉強の機会ではなく「自分ごと」になればしめたものです。また、講師にとっても、今日の聞き手の求めるものがわかり、そこで講演内容を微修正し、より適切な講義をすることが可能になることもあります。

もっと人数が多い場合は、全員が発言するのは無理なので、名前を名乗るだけでも有意義です。あるいは、三人ずつのグループになってもらい、「今から聞く講演、どのあたりが楽しみか? 個人的にはどのへんを知りたいか?」というテーマでグループで意見交換する時間を三分とってから講演を聞くだけでも、ずいぶんと変わります。

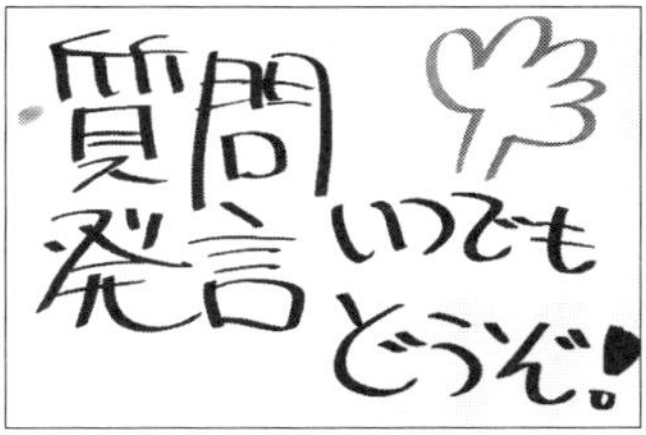

ポイント２　質問・発言をいつでも歓迎する

私は、「質問・発言　いつでもどうぞ！」という張り紙を目立つところに貼るようにしています。講師には事前に了承をとります。そして、冒頭に、次のように言って質問や発言を歓迎することを伝えるようにしています。

「講師の先生は、皆さんのために講義をしてくださいます。皆さんがわからない点や、知りたい点は、何でも質問してくださってＯＫです。また、『違うんじゃないかな？』とか『こういう考えもあるのでは？』と思うことがあったら、そのことも発言してもらって大丈夫です」

張り紙が目立つところに貼られているので、「こんなこと、聞いてもいいのかな？」と思ったりしたときに、少しでも質問しやすくなればと考えています。

ポイント３　少人数で話し合う

ある程度のボリュームの講義を聞いたら、「では、ここまでの講義を聞いて、どんなふうに思っているか、三人一組で話し合いましょう」と促すようにしてみましょう。「聞いていて、わからなかったことや、違和感を感じたこと、『そうだな！』と頷けることなど、いろいろあると思います。同じお話を聞いても十人十色で、いろいろな受け取り方が可能です。まずは、感想や疑問点を話し合ってみましょう」と、学習者自身が語れる時間を持つようにします。

すると、いっせいに皆が口を開き、受け身のモードから、もう一度、自分が主体のモードに切り替わっていきます。短くて三分、長くても六～七分の時間で十分です（盛り上がっているようだったら、もう少し伸ばすこともあります）。チリンチリーンとよく響く鈴などを鳴らして時間を知らせ、「はい、ありがとうございます。では、ここの三人組では、どんな話が出ていましたか？」などと振っていくと、次々と質問や発言が出てきます。

ポイント4　質問と感想を分けて聞かない

「質問はありませんか？」という司会者の問いかけはよく聞きますが、講義を聞いてすぐに質問をつくれる人は、よっぽど主体性の高い人です。皆がそうはいかないので、私は、「三人組では、どんな話が出てましたか？」とか「質問でも感想でも何でもかまわないのですが、どなたか、ありますか？」などと、ぼやかして聞くようにしています。そうすることで、発言のハードルが下がります。

ポイント5　書きとめる

ホワイトボードや黒板があったら、学習者が質問した点や、出した感想について、皆が見えるよう、書きとめるようにします。いわゆる板書ですが、専門用語的には、ファシリテーション・

グラフィックと呼んだりしています。参加者の発言を、皆が見えるように書くことで、どんな質問や感想がすでに出ているのかを把握しやすくなります。

ファシリテーション・グラフィックについては、また別の機会に詳しくお伝えできると思いますが、コツを一つあげるとすれば「なるべく、当人の言い回しを尊重して書く」ということです。質問者の口調、言葉、語尾などをなるべく修正せずに、そのまんま書く。そうすることで、一字一句、大切にあなたの声を聞いていますよ、ということが伝わっていき、その安心感で次の質問も出やすくなるのです。

ポイント6　援助的な質問をする

学習者があることを質問し、講師がそれに答えます。でも、ときどき、「答えきれてない」やりとりになっていることがあります。これは、質問の仕方がちょっと足りなかったり、講師が勘違いして違う内容の答えを伝えてしまうことで生じるトラブルです。「これは、かみ合っていないな」と思ったら、司会者として「援助的な質問」をするタイミングです。「あのー、先生、僕も今のお話を聞いていて、よくわからなかったのですが、ＡがＢと合体したらＣになる、という理解でよろしいでしょうか？」などと、その質問を聞いているだけで「あー、そうなんだ！」と学習者が頷くような質問をあえて行うことで、理解を深めるというやり方です。

この援助的な質問は、司会者自身の聞きたいことを聞くというより、「ここを聞いてあげると、学習者の理解が深まるだろうな」と思う点を、聞くのがポイントです。

専門用語が出てきて、大半の学習者がついてきてないな、と感じるときにも、援助的な質問が有効です。講師が、専門用語をばんばん出して話している途中に、勇気を出して割って入って「先生、不勉強ですみません。先ほどから出てきている○○という用語は、どんなことを指し示しているのでしょうか?」などと、教えを請うことが大切。すると学習者の何割かは「そうそう、それがわからなかったんだよ」と助かるような質問です。このような質問ができるようになると、いいですね。

ポイント7　どんな質問にも必ず「ありがとう」を伝える

質問には、鋭い質問もあれば、なかば的外れな質問もあるかと思います。なかには、講師が答えられないような専門的な質問が出てきてしまうこともあります。でも、どのような質問が出たとしても、質問してくださったことに、必ず「ありがとう」を伝えるようにしています。「ありがとうございます。今のような質問をしてくれたおかげで、○○が深まりました」とか「そう、そういう素朴な疑問を出してもらえると、皆が次の質問をしやすくなりますね。ありがとう」などと、勇気を持って質問を出してくれたこと自体に感謝を伝えるのが最後のポイントです。

＊

以上の七つのポイントを応用すれば、きっとたくさんの質問が出るでしょう。学習者が主体的に学ぶ活発な学びの場が起きていきますように。

2

自分が答えられない質問が出たとき、どうするか？

前節のテーマは「質問がたくさん出る状態をつくるには？」でした。ご紹介した七つのポイントを実行すると、実にたくさんの質問が出てきます。このやり方を実際に試したある教師から、こんな相談を受けたことがあります。

「青木さん、授業で実際ね、たくさん質問が出て、たいへん盛り上がり、ある意味では大成功だったんですけど、ちょっと困ったことになったんです」と。気になって「どんなお困りごとだったのですか？」と質問すると、「いくつかの質問が、自分では答えられないようなものだったのですよ！」とのことです。自分が答えられないような質問とは、どのようなものでしょうか？

大きく分けて三つのタイプが考えられます。

タイプ1：知識がない

例えば「江戸時代の一〇両って、今でいうところの何円の価値があるんですか？」と聞かれてずばっと即答できる人は、少ないのではないでしょうか？　調べればわかるけれど、現段階において、その知識が自分にないことを質問された。そんなとき、みなさんは、どう答えていますか？「ごめんなさい、わからないです」というのが答え方の一つ。とても正直ですねぇ。だって、知らないのだもの。でも、これが正直に言えることは、とっても大事な応答だと思います。

ちょっと律儀な人なら「あー、じゃあ、次回までに、調べてみますね」と答えることも可能です。今はわからないけれど、調べてみれば、わかるかもしれません。僕も今、手元で調べてみたら、一両は約一三万円。一〇両だと一三〇万円ぐらいの価値があったそうです(注)。

子どもたち自身の学習を促したい場合なら、「誰か、『来週までに調べてきてもいいよ』っていう人、いない？」と、みんなに、聞いてみてもいいかもしれません。すると、意欲のある子どもが、自分なりに調べてくるかもしれません。

さらに、この機会をもうちょっとうまく使いたいと思ったら、「次のパソコンの授業のときに、みんなで調べてみようか？」と仕切り直し、パソコンを使った学習につなげることもできるかもしれません。「では、今から、一〇両の価値について調べます。比較的まともな答えと、その根拠をきちんと発表できた班が勝ちですよ。よーい、スタート！」みたいにすることもできるでしょう。

僕自身は、指導者が知らなくて恥ずかしい、と思わなくていいんじゃないかと思います。すべての知識を持つことはできないし、その必要はない。知らない知識は、調べればいい。その調べ方さえ身につけることができれば問題ないんだよ、ということをお伝えしたいところです。

タイプ２：正解がない

次のタイプは、正解がない質問です。いわゆる、知識では答えられないものです。例えば、「がつがつとお金儲けをすることは、よいこと？　それとも悪いこと？」という問いや、「宇宙の果てはどうなっている？」という質問には、調べたところで、正解にたどりつけそうにありません。

科学的にまだ未解明なものも世の中にはたくさんあるし、人それぞれの考え方によっては、何が正解とはいえないことがたくさんある。でも、子どもたちは、「先生は正解を知っているかもしれない」と思って質問をしてくることがありますね。みなさんは、こういう正解のない問いに、どう答えているでしょうか？

僕自身は、「おー、面白いこと聞くねぇ」と前置きしたうえで、「どうして、そのことが聞きたくなったの？」という背景を聞くことがよくあります。なぜ、その問いが生まれてきたのか、事情とか理由がわかれば、何を返せばよいのか、見当がつく可能性もあります。

あるいは、私見を述べることも可能だと思います。「これは、正解というより、先生はこう考えるっていう、私の意見なんですがね、お金儲けをすることは、いいことだと思いますよ。そのおかげで、自分の子どもたちにご飯を食べさせてあげられたり、暮らしが豊かになるから。程度問題で、がつがつしすぎないくらいが、ちょうどいいかもね」などと、自分の意見を伝えることも可能です。

あるいは、「あなたは、どう思うの」と返してみるのも、面白いです。何かしらその人自身の考えとか、自分なりに深めている意見を聞けるかもしれません。これはとても興味深い時間です。

　さらには、「他の人は、どう思っているか、聞いてみようか?」とすることも可能です。例えば、次のような投げかけ方はいかがでしょう。

「では、クラスのみなさんに質問です。〈がつがつとお金儲けをすることは、よいこと? それとも悪いこと?〉という質問に、手の高さで教えてくださいね。『とってもよいことだ』と思う人は、高く手を挙げてください。『まぁまぁいいことかな』って思う場合は、ちょっと高く。『どちらでもないかな』と思う人やわからない人は、真ん中。『ちょっと悪いかも』という気持ちの人は、やや下げて。『明らかによくないよ!』と感じる人は、腕をぐんと下げてみましょう」

　僕はこのタイプの手の挙げ方を「**グラデーション挙手**」と呼んでいます。通常の挙手は「挙げる・挙げない」の二択ですが、この「グラデーション挙手」では、その間の微妙なところを選べます。「四〇~六〇%くらいで迷っている」というときは、その間を揺れて表現することも可能です。クラス全体を見渡してみると、みんながどう考えているかを視覚的に見ることができます。イエスかノーかの二択ではなく、その微妙な間の感覚や全体の傾向を把握するためには、有効な方法です。
　いろいろな高さの手が見えたところで「では、四~五人一組の班で、『どうして、その高さに挙げたのか？』という自分なりの考えを話してみましょう。四人いれば、四通りの考えがあると思います。それぞれの考えを、お互いに聞いてみてくださいね」と促すことも可能です。こういう正解のない問いは、みんなでいろんな考えを聞き合うきっかけにもなります。

タイプ３：答えたくない

例えば、クラスの子どもから、「先生も人間だから、こういう子とはつきあいやすいとか、こういう子はちょっと苦手とか、あると思います。うちのクラスだったら、どの子が苦手ですか？」と聞かれたら、何と答えるでしょうか？　実際にある子のことが「苦手だなぁ」と思っていたとしても、ここは答えたくない、あるいは、答えるのが適切じゃないと思うのではないでしょうか。

人は誰しも、聞かれたくないことや、言いたくないことがあります。そして、長い人生のなかで、そこをつっこまれることもある。こういう質問が出てきたときは、そんなときの対処法を教えてあげられるといいですね。例えば、

「おー、するどい質問、ありがとうございます。世の中にはね、本音と建て前というのがあるんだよ。『先生にとって苦手な子なんて、このクラスにいませーん。先生はみんなのことが同じように大切で、同じように接しています！』というのは、まぁいわゆる建て前ね。本音のところは、あの子はつきあいやすいなぁとか、この子のあれはどうしたものかなぁって感じたり、悩みながらお仕事しているのよ。

で、質問は、どの子が苦手かなってことだよね。うん、それはね、答えないことにします。ごめんなさい、お答えできません。どうしてかって言うと、それを答えて、『先生は△子さんが苦手です』って言っちゃったら、△子さん、悲しむでしょう？　びっくりするかもしれないね。たとえ、それが先生の気持ちとして本当だったとしても、そのあと、先生も、クラスを運営していくのが、難しくなっちゃう感じがしない？　それは、先生、困る。だから、ごめんなさい、お答えできません。

みんなも、聞かれて困る質問をされることがあるだろうけど、もしそれが答えたくないことだったり、答えることで誰かを傷つけるようなことだったら、『ごめんなさい、お答えできません』って返してもいいんだよ」

「何でも質問していいよ」という雰囲気をつくるときの安全弁は「答えたくないことは、答えなくてもよい」ということかもしれません。

僕のファシリテーターの師匠のお一人に加藤哲夫さんという方がいました（残念ながら、数年前に鬼籍に入りました）が、その加藤さんが、人の話をインタビューするときの練習として三つのルールをもうけてやってみるとよいよ、と教えてくれました。

【インタビューをするときの三つのルール】

ルール１：何を聞いてもよい

ルール２：答えたくないことは、答えなくてもよい

ルール３：聞かれてなくても、話してよい

明確ですね。どんなことを聞いてもいい。けれど、答えたくないことは答えなくてもＯＫ。そして、聞かれてもないけれど、話したいことは自由に話してよい。こういうルールがあると、厳しい記者会見や尋問のようにならず、自由にやりとりできそうな気がしてきます。

この三つのルールを明示して、二人一組で「インタビューごっこ」をやったことが何度かあります。お互いに五分ずつ、聞き手と語り手を交代して、相手に聞いてみたいことを何でも聞くというやり方。五分ごとに終了したら、相手に教えてもらった話を原稿用紙に書いて、記事風に仕上げます。「〇〇さんに教えてもらった、上手な卵焼きの焼き方」みたいな記事が、クラスの全員分できてくるのです。印刷前に、インタビューした相手に、間違っているところや書いてほしくないところがないか確認をとり、赤字を入れてもらったうえで修正して完成。すると、実に多様なみんなの姿を見ることが可能です。ぜひ、お試しください。

（注）お蕎麦一杯の値段で換算した場合です。日本銀行ホームページ、『江戸物価事典』（小野武雄編著、展望社）などを参考にしました。

3 「問い」を研ぎ澄ます

「問い」がテーマを深める

ここでは「問い」について深めてみたいと思います。

何事を行うにも「準備が八割」という言葉があるように、どのような段取りをするかが、とても重要です。私たちファシリテーターが学びの場を準備するときに重視するのは「問い」です。どのような問いかけをするかで、学びの場は大きく変化していきます。学習者が主体となって学ぶ場を形成するには、「知識や体験をどう授けるか?」という点に加えて、「どのような問いかけをするか?」が重要なカギとなります。

具体的な例から考えてみましょう。

例えば、授業のテーマが〈電気〉だとします。〈もちろん、この〈　〉の中は、〈江戸時代〉でも〈命の価値〉でも〈単位〉でも〈戦争〉でもかまいません。）

みなさんであれば、まず、どのような「問い」を学習者（子どもたち）に投げかけるでしょうか。

①「みなさん、電気を知っていますか？」、それとも②「電気はどこからくるでしょう？」と聞くでしょうか。あるいは、③「電気、と聞いて、ぱっと思いつくこと、連想することは何ですか？」と聞くこともできます。

①②③のように聞かれたら、みなさんが子どもだったらどう答えるでしょうか。

①の問いかけには「はい、知っています」、②の問いかけには「発電所！」、③の問いかけには「電灯、テレビ、電気あんま（古いか…）」でしょうか。

同じキーワードを使っても、問いかけ方によって違った答えが出てきて、深まり方も異なってきます。

もう少し、「問い」のリストをあげてみましょう。

例えば、④「電気で動いているものを、知っているだけ、あげてみよう！」と問いかけると、身近な電化製品をたくさんあげることができ、私たちの生活に電気がどう関与しているか、理解するきっかけになるかもしれません。

さらに、⑤「そのなかで、いちばん電気を食っているのはどれでしょう？」と問いかけてもよいし、⑥「停電で電気が止まって、最も困ることは何？」など、仮定の話で電気の恩恵を感じてもらうことも可能です。⑦「停電しても、絶対これだけは動いていてほしいのはどれ？」と聞いて、優先順位をつけてもらってもよいでしょう。

あるいは、⑧「電気で動いているものたちは、今ほど電気がなかった時代はどうやっていたのでしょうか？　おじいちゃんやおばあちゃんに聞いてみよう」とすると、歴史や生活のことを学べる可能性があります。

もっと突っ込んで、⑨「電化製品が豊富にあることで、私たちが失っていることとは、何でしょう？」と問いかけると、さらに深みのある学びにつながる可能性もあります。

⑩「私たち人類にとって、電気とはどんな存在ですか？」という問いかけだと、いろんな表現を聞かせてもらえそうです。⑪「火力発電、水力発電、原子力発電、太陽光発電と風力発電などがあるけれど、それぞれのメリット・デメリットは？」と問えば、相当な学習が可能となるでしょう。

このように、「問い」を変化させることで、さまざまな切り口で、そのテーマを深めることが可能です。私たちファシリテーターは、すぐれた「問い」を出すために、準備の段階でいくつもの「問い」の案を考え、そのなかからその場にふさわしいものを選ぶようにしています。

問いかけのコツ

〈自分ごとにする〉問いかけ

学習者に「あなたの生活や暮らしにとって、今回のテーマがどのようにかかわっているのか？」をイメージしてもらえるような「問い」を出したいものです。

私が考えるすぐれた「問い」とは、それが出された瞬間に、学習者を主体的にし、学ぶ意欲をかき立てるものです。「もっと知りたい！　学びたい！」という気持ちが自然とわいてくる「問い」を出すことができれば、学習はとてもスムーズに進みます。そのためには、学習者の過去の経験を聞いたり、生活上の何かにからんだ質問にすることも有効です。

〈適切なハードルの高さ〉の問いかけ

最初の例の①「みなさん、電気を知っていますか？」のように、ハードルの低い簡単な「問い」だと、全員がすぐに答えられますが、学びは深くありません。でも、いきなりハードルの高い⑪「火力発電、水力発電、原子力発電、太陽光発電と風力発電などがあるけれど、それぞれのメリット・デメリットは？」と聞いて、子どもたちがぽかんとしてしまうのも避けたいところです。

簡単な「問い」と難しい「問い」を上手に組み合わせ、使い分けることが、問いかけのコツの一つです。はじめは簡単な「問い」を出し、徐々に深めていくのもありだし、はじめに難しめの「問い」を立てて、授業の最後でその答えがわかる、という組み立てでもよいかもしれません。

適切なハードルの高さの「問い」は、学習者を飽きさせません。学習者の関心をわきたたせ、主体的に考えていく機会として「問い」を活用できればと思います。

「問い」が複数の側面を引き出す

もう少し「問い」について深めていきましょう。同じことを聞くにも、いくつかの問いかけ方が可能です。

例えば、あなたが、ある学習会に参加した際の〈参加の動機〉を聞かれたとします。①「あなたの参加動機は?」と聞かれるのと、②「今回の学習会に、どうして参加しようと思ったんですか?」と問われるのとでは、どう違うでしょうか。

①だと、「××のことが知りたくて……」という答えになるかもしれません。②だと、「同僚の△△さんがすすめてくださって……」という返答になるかもしれません。

あるいは、③「今回の学習会で、特に学びたいことは何ですか?」と聞かれると、具体的な学習項目についての考えを答えるかもしれません。④「今回の学習会で、期待していることは何ですか?」だと、学習項目以外にも、講師や学習者同士の人脈構築を期待している、などといった発言もありそうです。

⑤「今回の学習会で学んだことを、現場のどんなシーンで活用したいと思っていますか?」という「問い」だと、それぞれの参加者の具体的な現場イメージやニーズが話される可能性が高まります。

⑥「学習会が終わったあと、どんな自分になっていたいですか?」という「問い」だと、今回の学習会以降にどのように活躍していきたいかの将来イメージまでわいてきそうです。

このように、参加の動機一つを聞くにしても、いくつもの問いかけが可能です。ちょっとした語尾や聞き方を工夫することで、実にいろいろな側面の答えを聞くことが可能なのです。

「問い」のトレーニング「やってみよう！『問い』のリストアップ」

私がおすすめする「問い」のトレーニングは、次ページの囲みでご紹介する、二〇通りの「問い」をリストアップしてみる、というものです。このときのテーマは、できたら授業などでこれから扱いそうなもの、例えば来月の授業で冬至と夏至の単元があるならそうしたもので試みてみるといいと思います。ぜひ、さっそくやってみてください。

できましたか？

二〇個はなかなか大変ですね。でも、もし二〇個、リストアップできたとしたら、そのテーマに迫るいくつもの切り口を見つけることができたことになります。同僚の先生方などと一緒に二〇個、つくってみてもいいですね。

その二〇個の「問い」を眺めて、同時に、クラスの子どもたちの顔を思い浮かべ、何番目の「問い」が、その子たちにとって、よい学びをもたらしそうかを想像してみてください。あるいは、二つ三つの「問い」を組み合わせることで深まることもあるでしょう。

「問い」を研ぎ澄まし、学習者が主体的に学ぶきっかけが、うまくつくれますように！

実習：やってみよう！　「問い」のリストアップ

テーマ〈　　　　　　　　　　　　〉についての「問い」を20個、リストアップしてみましょう！

例えば…テーマを〈歴史を学ぶ意味〉としたら、「歴史を学ぶのはどうしてか？」「歴史を学ぶことで、どんないいことがあるか？」とか、逆説的に「私たちが歴史を学ばないとしたら、どんなことが起きそうか？」と聞いてもいいでしょう。

①
②
③
④
⑤
⑥
⑦
⑧
⑨
⑩
(ここまで出しただけでも、相当なバリエーションです)
⑪
⑫
⑬
⑭
⑮
(あと５つ、出してみましょう。出なくなったら一晩寝かすのも吉)
⑯
⑰
⑱
⑲
⑳

4 あいづちの研究
マンダラートを活用して

次は、「あいづち」について考えてみたいと思います。

あいづちは「相槌」と漢字にするとその語源がわかりやすいですね。鍛冶屋の師匠さんが叩く槌に合わせて、弟子が入れる槌のこと。会話において、話し手のトークの合間に挟む、聞き手のうなずきや言葉を指します。いわゆる会話の潤滑油のような役目ですね。あいづちは、あまりに小さな言葉たちなので、多くの人はなんとなく経験的にあいづちを使っていて、あまりそのこと自体をよく考えたことはないかもしれません。

そういう私も、あんまり気にせず使っていたのですが、整理してみたことがあります。そのとき使ったのが「マンダラート」を活用した八一個のマスです。

大谷選手の目標達成シート

「マンダラート」とは、一九八七年に今泉浩晃さんが考案した発想法の一つで、三×三の九マス

大谷翔平選手の目標達成シート

体のケア	サプリメントをのむ	FSQ 90kg	インステップ改善	体幹強化	軸をぶらさない	角度をつける	上からボールをたたく	リストの強化
柔軟性	**体づくり**	RSQ 130kg	リリースポイントの安定	**コントロール**	不安をなくす	力まない	**キレ**	下半身主導
スタミナ	可動域	食事 夜7杯 朝3杯	下肢の強化	体を開かない	メンタルコントロールをする	ボールを前でリリース	回転数アップ	可動域
はっきりとした目標、目的をもつ	一喜一憂しない	頭は冷静に心は熱く	**体づくり**	**コントロール**	**キレ**	軸でまわる	下肢の強化	体重増加
ピンチに強い	**メンタル**	雰囲気に流されない	**メンタル**	**ドラ1 8球団**	**スピード160km/h**	体幹強化	**スピード160km/h**	肩周りの強化
波をつくらない	勝利への執念	仲間を思いやる心	**人間性**	**運**	**変化球**	可動域	ライナーキャッチボール	ピッチングを増やす
感性	愛される人間	計画性	あいさつ	ゴミ拾い	部屋そうじ	カウントボールを増やす	フォーク完成	スライダーのキレ
思いやり	**人間性**	感謝	道具を大切に使う	**運**	審判さんへの態度	遅く落差のあるカーブ	**変化球**	左打者への決め球
礼儀	信頼される人間	継続力	プラス思考	応援される人間になる	本を読む	ストレートと同じフォームで投げる	ストライクからボールに投げるコントロール	奥行きをイメージ

注：ＦＳＱ、ＲＳＱは、筋トレ用のマシン。　　出所：スポーツニッポン

を使って、半ば強制的にアイデアを引き出す方法です。これを活用したものとして、北海道日本ハムファイターズを経てメジャーリーグで活躍している大谷翔平選手が、高校一年生のときに書いた目標達成シートをご存知でしょうか。

真ん中に「ドラ１　８球団」とあるのは、プロ野球の八球団からドラフト一位指名をもらうという目標。その目標達成のために必要だと大谷選手が考えた項目が、灰色のマスに「体づくり」「コントロール」「メンタル」な

ど八項目書かれています。さらに、例えば左上のゾーンに「体づくり」と書き写して、そのために行う具体的な行動を周囲のマスに八つリストアップする。具体的には「食事　夜7杯、朝3杯」などと書いてあるわけです。九×九の八一マスに書かれている項目を一覧するだけで全体像がつかめ、かつ具体的に何をしていくべきかがわかります。

この大谷選手の目標達成シートは、またたくまにメディアに取り上げられ、知名度をあげています。

あいづちの研究シート

大谷選手は目標達成のためにこのシートを使いましたが、私は、あいづちの種類を整理するのに活用してみました（次ページ参照）。ここでは、あいづちを間投詞だけでなく、会話における「受け答え」的な表現まで含めて、少し広めにとらえて考えていきます。

まず、真ん中にテーマを「あいづちの種類」と書きます。それから思いついた項目を、その周辺の八マスに、さらに周辺の八つのゾーンに中央のそれを転記して、具体的な項目に落としていきました。

私は、あいづちには八つのタイプがあると考えます。

【中立】　まず、普通のあいづちですね。あいづちといえば、「はぁ」「へぇ」「ほぉ」という王道のあれ。「ふーむ」「そうですか」「なるほど」とかも、この類ですね。会話のなかでそれが入ること

あいづちの研究

ほへー！	えー!?	無言（目を見開いて）	せっかくだから	こんなの初めてですよ	待ってました！	私もそうなんですよ！	そうそう	わかるわかる
あっりゃー	おどろき	まじ？	ほほー！	持ち上げ	よ、日本一！	お察しします	共感	やったねぇ
げげげ！	ほんとですか？	うそー!?	すごーい	さすが！	その手があったか！	ぜったいそうだって	でしょー？	嬉しいねぇ（相手の感情に沿って）
あのねぇ（怒りを込めて）	ムリムリ	えー（↓）	驚き	持ち上げ	共感	興味深いですねぇ	なるほどー！	それでそれで？
わかるけどねぇ	反対	はぁ？（怒）	反対	あいづちの種類	促進	もっと聞かせてください	促進	そうなんですか！
でもねぇ	いやいやいや	なんでー（↓）	無関心	謙遜	中立	ほうほう	それはそれは	ってことは？
ふーん	あっそ	だから？	おそれいります	いやいや	そんなそんな	はぁ	へぇ	ほぉ
つまんなーい	無関心	別にー	そんなんじゃないですよ	謙遜	別に私は何もしてません	はい	中立	そうですか
たいしたことないじゃん	無言（無視して）	勝手にすれば？	恐縮です	たいしたことないですよ	とんでもない	ふーむ	なるほど	ふむふむ

で「私はあなたの話を聞いていますよ」という効果をもたらします。

〈例〉　A：「ねぇ、先生、さかあがりができたよ！」
　　　B：「ほぉ、さかあがりができたかい」

つまり、それに賛同するわけでもなく、反対するわけでも、感動するわけでもない、中立的なあいづちです。でも相手の発言をさえぎっているわけではないので、会話は続いてゆきます。

【促進】　次が、促進的なあいづちです。促進というのは、相手にもっと話を深めてほしいときとか、さらなる展開を促すことができるあいづちですね。中立的な「ほぉ」より、もっと関心が強い「ほうほう」とか、「興味深いですねぇ」「そうなんですか！」「それでそれで？」と、相手に話の先を促すようなあいづち。

〈例〉　A：「ねぇ、先生、さかあがりができたよ！」
　　　B：「ほうほう、すごいね。どうやってやったの？」

促進的なあいづちを上手に使うと、相手はどんどん話をふくらませてくれます。いわゆる「聞き上手」の方は、このタイプのあいづちをいいタイミングで使います。

【共感】　さらに、自分自身の感情として、相手の話に「共感できますよ！」ということを表明する共感的なあいづちというのもあります。「やったねぇ」とか「わかるわかる」「私もそうなんですよ！」、そして「おつらいですねぇ」など、相手の気持ちや感情に自分も沿ったようなあいづちですね。こういうふうに聞いてもらえると、人はますます自分の心の内を話しやすくなります。

〈例〉　A：「ねぇ、先生、さかあがりができたよ！」

　　　B：「やった！　おめでとう。がんばってできると、うれしいよねぇ」

相手が何かを話したときに、相手が思っていることや抱いている感情などに沿ってこのあいづちを打つと、一気に話が深まります。ただし、みせかけの共感や表面的な共感は、相手にすぐばれてしまうので、本当にそう思っていないときに多用するべきではないと思います。

【持ち上げ】　共感を通り越して、相手を持ち上げるようなあいづちというのも存在します。「さすが！」とか「すごーい」、もっといくと「名人！」「よ、日本一！」なんて、落語に出てくる幇間《ほうかん》、つまりご機嫌とりの男芸者なんかがよく使うセリフですね。

〈例〉　A：「ねぇ、先生、さかあがりができたよ！」

　　　B：「さっすが！　がんばりやさんのA君、あきらめなかったね！」

お察しのとおり、これは歯が浮くようなというか、聞いていていてむずむずする居心地の悪さを感じるかもしれませんが、時と場合によっては、このあいづちを活用することで「よ、かたづけ大臣！」とか「さすがクラスの大黒柱！　言うことが違うねぇ」などと、場を盛り上げることも可能です。少しおちゃらけて、楽しく使えるといいあいづちです。

【おどろき】　そこまでいくと、ちょっとやりすぎよねぇ、と思う方は、おどろきのあいづちくらいがちょうどいいかもしれません。善し悪しを言わずに、単に、おどろきを示します。「えー⁉」「ほんとですか？」「あっりゃー」などと言っていると、相手はさらにその背景を詳しく語ってくれるかもしれません。

〈例〉Ａ：「ねぇ、先生、さかあがりができたよ！」

　Ｂ：「おおおおおーーーーっ！　ほんと⁉」

相手の話を聞いて受けた衝撃を出しつつも、相手に賛同するわけでもなく、反対するわけでもなく、純粋におどろくタイプのあいづち。突然の訃報などにも、「えええっ！　突然のことでうまく言葉にできませんが……お悔やみ申し上げます」といった具合でしょうか。

【反対】　相手が言ったことを承服できなかったり、否定的にとらえたりした場合には、反対的なあいづちが出てきます。「いやいやいや」とか「でもねぇ」「ムリムリ」などと言って首をふるあれですね。このあいづち一つで、相手には「あ、この人、この案件には否定的なんだな」という態度が伝わります。

〈例〉Ａ：「ねぇ、先生、さかあがりができたよ！」

B:「でもねぇ、なんで今そんなことやってるの？　テスト近いんだし漢字やりなさい、漢字」

もちろん、自分が反対の意見のときは、このあいづちを使えばいいわけですが、ごくたまに、自分は否定するつもりがないのに、口癖で「でもねぇ」とか「わかるけどね」と、必ず相手を否定するような反対的な言葉を発してから自分の意見を言う人がいます。これはあんまり得策ではありません。相手を否定しない形で、自分の意見や提案を伝えられるように工夫したいものです。

【無関心】　話をしている人の気持ちを最もくじくのは、「反対」より、むしろ無関心が伝わるあいづちです。かつてマザー・テレサが「愛の反対は憎しみではない。無関心だ」と表現したように、「あなたの言うことになんか、関心を持ってませんよ」というあいづちが、いちばんこたえます。「あっそ」「ふーん」「勝手にすれば？」といった類です。子どもにも、思春期に入るとこういう言葉を発する場面をよく見かけますが、これは成長過程で起きる仕方がないことなのでしょうか。

〈例〉　A:「ねぇ、先生、さかあがりができたよ！」

B:「あっそ。だから？」

こういうあいづちをもらってしまうと、「あー、自分とこの人との距離は、こんなに離れているんだなぁ」と悲しい気持ちにもなります。つい口癖で使っている場合もありますから、注意が必要ですね。

【謙遜】　これは、自分が褒められたり、評価されたりするときに反射的に出てくるあいづちです。

日本人特有の謙遜の美学というか、へりくだる文化から出てくるようにも思います。

「いやいや」「とんでもない」「別に私は何もしてません」などと、つい相手からの評価をまっすぐに受け取ることが気恥ずかしくて、恐縮して出てくるタイプのあいづちです。

〈例〉A：「青木さん、新聞に出てましたね。見ましたよ、ご活躍ですね」

B：「いやいや、とんでもない。あれはたまたまで……。でも、皆さんのおかげです。いつもありがとうございます」

＊

このように、あいづちにも、実にいろいろなタイプのものがあります。特にティーンエイジャーになってくると、反対や無関心のあいづちを発することを覚えますので、教える側や親などは、忍耐を要することもあるでしょう。しかし、世の中には、促進的なあいづちや、共感的なあいづち、場合によっては持ち上げるようなあいづちや、謙遜的なあいづちなど、幅があるんだよ、ということをうまく伝えられるといいですね。

また、双方向性のある参加型の学習を進めるうえでは、指導者が一方的に話すだけではなく、学習者の発言を受けて、学びを深める時間や、応答の時間がとても大事になってきます。ここでご紹介したいろいろな種類のあいづちを上手に活用して、よき学びの場になりますように。

5 私たちは本当に聞けているのか？

私が人前に立つとき、特に注意しているのは「自分は、参加者の声を本当に聞けているだろうか？」という点です。「このことを伝えたい」「あのことも話しておきたい」というこちら側の都合が強いあまり、学習者自身の気持ちやニーズ、現状について聞けていないケースがときどきあり、よく反省しています。

少し逆説的な表現になりますが、こちらの意図することがなかなか伝わらないと思うときは、たいていの場合、相手のことを「聞く」ことができていないことが多いのではないでしょうか。「聞く」というのは、その方の今の状態をきちんと受け取ること。どのような指導やアドバイスをするにせよ、きちんとその方の「今」を受け止めることがスタートではないかと思います。そこができていないと、適切なコメントもできないのではないかと思うのです。

私が今までに出会ったなかで、もっとも有効な「聞く」トレーニングは、自分の聞き方を録音してチェックするというものです。これは「ミニカウンセリング(注)」という、カウンセリングの分野のトレーニングですが、学びの分野でも非常に有効なトレーニングではないかと思うので、紹介させていただきます。

このトレーニングは非常にシンプルな構造ですが、「ミニカウンセリング」の手順を踏んで、自分の聞き方をチェックすると、実にたくさんの気づきがあります。

詳しく手順を見ていきましょう。

「ミニカウンセリング」の手順

①ペアをつくる

話を聞かせてもらう相手は、クラスの子どもでも、同僚や友人でも、久しぶりに会う同級生などでもかまいません。家族などあまり近すぎる存在じゃないほうが、やりやすいかもしれません。

「話を聞く練習におつきあいください」とお願いしてみましょう。

②録音機材を用意する

ＩＣレコーダーやテープレコーダーなど、録音ができる機材を用意しましょう。録音機能の付いたスマートフォンを使うならば、途中で電話がかかってきて録音が遮断されないように、機内モードにするなど、必ず電波を発しない状態で使用しましょう。

また、録音機材は使いなれないと「あれ？　音が録れてなかった」という

「ミニカウンセリング」の手順
① ペアをつくる
② 録音機材を用意する
③ 15分間、録音する
④ 録音したものをテープ起こしする
⑤ テープ起こししたものを眺めながら、じっくりと録音を聞く

 こともあるので、必ず事前に、音が録れるかどうか確認することも大切です。

③一五分間、録音する

「それでは、これから一五分間は、Ａさんのお話を聞かせていただきます。Ａさん、どんなことでも結構ですので、最近気になっていることなど、お話ししていただけそうなことを何でもお願いします。私は心をこめて、Ａさんのお話を聞こうと思います。自分がどうやって聞いているかを確認・勉強するために録音させていただきますが、今回聞かせていただいた内容は外部に漏れないようにしますので、安心して、何でもお話しください」などと、この一五分の時間をどう使おうとしているのかをお伝えして、聞きます。

一五分間、自分なりに丁寧に、相手の話を聞きます。

ストップウオッチやキッチンタイマーなどをセットしておき、一五分を知らせる音が鳴ったら、「まだまだ続きをうかがいたいところですが、いったん録音を止めさせていただきますね」と中断します。もし、内容に関心があれば、引き続きお話をうかがってもかまいません。（ですが、テープ起こしをするのは一五分で充分です。）

④録音したものをテープ起こしする

さて、ペアの方に「お話を聞かせてもらって、ありがとうございました」と伝えたら、あとは個人作業に入ります。

録音したデータを再生して聞いてみましょう。そして、それらをテープ起こしします。パソコンでも手書きでもかまいません。一字一句漏らさず、逐語録として全記録を書き出します。言葉を省略せず、すべて書きます。

例えば「えー、あのー、そうですね。いきなり一五分話せって言われても、何を話していいのかなぁ……、そうねぇ〈沈黙一五秒〉……、先週、ちょっと隣町のほうに出かけたんですけど（ほうほう、隣町に）、はい、そうなんです。隣町…、そこで変な人に会ったんですね（そうですか）…」などという感じで、ちょっとした語尾や、沈黙、聞き手がはさんだ相鎚などを細かく記録します。

一五分間を全部テープ起こしするのに、短い人で一時間、長い人で半日ほどかかるかもしれません。ちょっと大変ですが、ここが肝心。手を抜かず、一字一句書きおこしてみてください。

⑤テープ起こししたものを眺めながら、じっくりと録音を聞く

すべてのテープ起こしがすんだら、それを手元に置いて、じっくり眺めてください。そして、録音を再生しながら、通して聞いてみましょう。すると、自分が相手の話の何に反応して何をスルーしているのか、どんなタイミングで相鎚をうったり自分の話を挟み込んだりしているのか、自分がどのタイミングで相手の思考や言いたいことを邪魔したり、促進しているのかが、驚くほどわかります。

初めのうちは、自分の声を聞くだけで恥ずかしく、「聞いてられない！」という方もいますが、自分の「聞く力」を確認するために必要なプロセスですので、ぜひ照れずに一五分聞いてみましょう。

もし、ペアになった方と一緒に聞くことができれば、なお学習は深まります。「このときの相鎚、邪魔じゃなかった？」とか「私に聞かれている間、何か気になったこととか、話しにくかった瞬間とか、ない？」などを当人に確認してもいいでしょう。実にたくさんのことが発見できます。ともに学べる相手であれば、次は役割を交代してやってみるのも興味深いでしょう。

「『聞く』を研ぎ澄ませば『効く』」

僕が初めて「ミニカウンセリング」で自分の聞き方をチェックしたときは、以下のことに気がつきました。

・自分の価値観で正しいと思うものや、興味あることには大きく頷くが、そうでないことには、そっけない
・相手の話を早く解釈したくて、「それって、こういうことですよね？」と、推測して要約しがち（そして、その要約が自分勝手な思い込みで、適切でないことが多い）
・口癖が「はいはいはい」「なるほど、なるほど」で、かなり連発している
・自分がわからないことや知りたいことについてはよく質問するが、そこは相手が話したいこと、解説したい点ではなく、その先に言いたいことがあったのに、僕の質問によって、発言を迂回させている
・情報はキャッチできているが、相手の気持ちや感情についてきちんと受け止めることができていない

・相手の状況をそのまま受け止めることができず、すぐに課題解決に入りたがり、結果として相手は話したい気持ちを失ってしまう

といったことに気がつきました。

つまるところ、「これまで、自分は、まったく人の話を聞けていなかったんだ！」と驚愕したわけです。いかにも聞いているようですが、自分の都合のよい情報だけ集めていたり、その方の言わんとするところを受け取れていなかったり、相手の話を途中で遮って自分の話を割り込ませたりしているシーンに気づいて、赤面したものです。これは自分にとっては大きな気づきでした。当時の自分のメモには「メルトダウンが起きたような大きな変化だ」と書いてありました。

自分は人の話を聞いているふりをして、遮ったり、相手の話を聞きながら自分の言いたいことを考え、反論の機会をうかがっていた。そういう事実に気がついた後は、まったく違う質のファシリテーションを行うようになっていきました。相手の話の趣旨や内容が何であれ、関心を持って、丁寧に聞くように心がけるようになりました。相手の話を遮らず、最後まで聞けるようになりました。自分の価値観や思い込みでジャッジメント（判断）するのではなく、中立的に、その人の文脈を読み取れるようになりました。

不思議なことに、このタイプの聞き方で相手の話を聞くと、こちらが指導したりアドバイスするまでもなく、その方自身が自分の課題に気づき、自分の力で解決していったり、成長するシーンをたくさん見ることになります。これは、当時の自分にとっては衝撃でした。「自分は何もしていないのに、この人が勝手に問題を解決していっている！」という不思議な体験。うまく表現できませんが、「『聞く』というのを研ぎ澄ますと『効く』のだよ」という、「ミニカウンセリング」

を指導してくださった師匠の言葉を思い出します。

もちろん私からアドバイスしたり、指導することもあるのですが、丁寧に聞いてからそれらを行うのと、「たぶん相手には今、これが必要だろう」と甘い見積もりでそれを行うのとでは、まったく違った結果につながります。「丁寧に聞く」、これができてこそ丁寧な指導になるのだと思います。

ぜひ皆さんも、教室の子どもたちや同僚の話を一五分、丁寧に聞いて、自分の聞き方を振り返ってみる経験をしてみるのはいかがでしょうか。そこには豊かな学びの時間があります。

（注）　私は橋本久仁彦さんから「ミニカウンセリング」を教わりました。橋本さんは高校教師としてカール・ロジャーズのパーソン・センタード・アプローチに基づく「教えない授業」を一〇年間実践し、アメリカやインドを遊学したあと、龍谷大学の学生相談室カウンセラーをされていた方です。現在は、口承即興舞踏劇を実践する「坐・フェンス」の座長をされています。「ミニカウンセリング」は、東京や大阪などで年に数回、研修会が開催されています。もちろん自力で録音し、チェックするだけでも大きな学びとなりますが、集合研修でそれを行うと、いろいろな方の聞き方から学ぶことも多くあります。関心がある方は、インターネットなどで検索し、適切なものを見つけて受講されることをおすすめします。

6

後日談を歓迎する

王道はアンケート？

私の本業は会議の進行役なのですが、同じくらいのボリュームで、研修や講座の講師という学びを促す仕事もしています。学びの場をつくる仕事はとても奥が深く、場合によっては、その人の人生を左右するとても重要な仕事ではないかな、と思います。学習者が「あー、これ、面白い！」とか「どうなっているんだろう？」という興味や関心を持ち、そこから知識や経験を深める。そして、その学びは、その人の人生に役立っていく。そういうシーンに、立ち会えることは喜びです。学校の先生方は、毎年毎日、そういう現場に立っているんだなぁと思うと、頭が下がります。

近しい講師仲間たちと、学習者の学びをどう評価しているのかが話題になることがあります。「学んだことを日々に活かしているか？」という視点は重要です。しかし、学校の先生と違って、

★　☆　★　**アンケート**　★　☆　★

本日はご参加いただきまして、ありがとうございました。
みなさまにより一層ご満足いただけるような講座を行うために、以下のアンケートを実施しております。お手数をおかけしますが、ご協力よろしくお願いいたします。

★　年代は？
①10歳代　②20歳代　③30歳代　④40歳代　⑤50歳代　⑥60歳代以上

★　ご職業は？
①雇用されている　②自営業　③学生　④その他

★　お住まいの市町村は？　（　　　　　　　　）

★　本日の講座は満足でしたか？
①とても満足した　②満足した　③不満だった　④とても不満だった

★　本日の講座の内容については理解ができましたか？
①理解した　②ほぼ理解した　③理解できなかった　④まったく理解できなかった

★　講座に参加して、得たこと、感じたことをお聞かせください。

★　今後、どんな研修があるといいと思いますか。ご自由にお書きください。

私たちは、日々、学習者の様子を観察することができません。一回の講座、たったの数時間でお別れ、という方も多くいるのです。

最も多く使われている手段が「講座終了後のアンケート」です。おそらく皆さんも記入した経験があるのではないでしょうか。

アンケートにもいろんな様式がありますが、例えば上に載せたように、まず学習者の属性を知る質問があり、その上で、今回の講座の満足度や理解度を聞く、というものです。加えて、このアンケートには「講座に参加して、得たこと、感じたこと」を書く自由記述の欄もあります。

この項目があることで、どういう内容が参加者に響いたのかを確認することができます。加えて、「今後、どんな研修があるといいと思いますか」という欄で、学習者の次の学びのニーズをつかむ努力も行っています。この最後の欄に書かれたことをヒントに、次なる学びの場がつくられることも多くあります。

「ふりかえりシート」という手もある

野外教育や環境教育などで体験活動を展開している仲間たちは、よく「ふりかえりシート」を使います。学習者の理解度や満足度などを聞くアンケートと違って、より個々人の「感じたこと」を掘り下げるスタイルのものです。

例えば、次ページのような、4段階評価はなく、すべての項目が記述式。屋外での体験を終えて、部屋の中に戻り、ゆっくりとその体験をふりかえりながら書く時間をとることが多いようです。学校現場ならば、農業体験や林間学校、職業体験などを終えたあとに書くとよいものでしょうか。

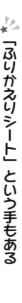

ある程度ボリュームのある体験をふりかえり、そこから自分が何を収穫しつつあるのかを確認するようなシートです。多くの指導者は、このシートを記入したのち、「わかちあい＝シェアリング」の時間を持ちます。同じ体験をしても、人それぞれ学びは違うもの。「あー、こういう点を持ち帰る人もいるんだ！」という点を知ることで、複合的に学ぶことが可能です。

ふりかえりの時間を上手に持つことができれば、「ただ体験しただけ」ではなく、自らが学びの

◆ ◇ ◆　**ふりかえりシート**　◆ ◇ ◆

今回、体験したことをふりかえって、じっくり書いてみましょう。

◆ 印象に残っている場面は……

◆「これは役立ちそうだな」と思ったことは……

◆ 個人的にうれしかったことは……

◆ 残念だったことは……

◆ これからやっていきたい or 深めたいと思ったことは……

主体者となり、体験の意味をつかむことで、自分自身の生活や今後にどう活かしていくかを照らす時間になっていくのです。

人は忘れる生きもの

授業や研修で何かを学んだとしても、すべてを覚えていられる人はいません。むしろ、教わったことのほとんどは、忘れ去られる運命にあります。「どれだけ記憶しているか」「どれほど理解できているか」という視点でテストをすることで、学びをある程度は測定することができますが、テスト時期を過ぎれば、忘れてしまうことがほとんどです（僕自身、高校二年のときに

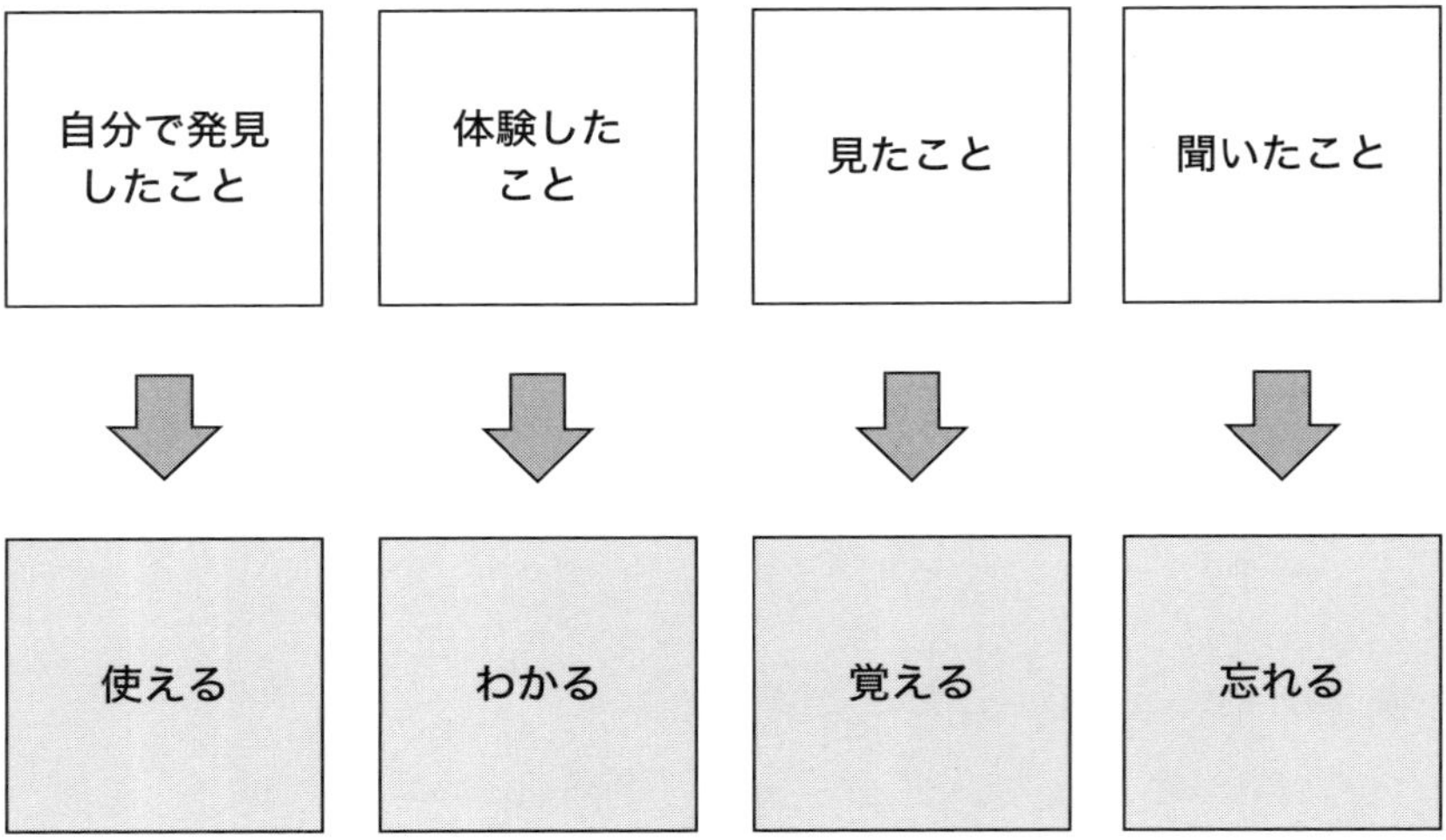

解いていた数学や化学のテストを今出されても、ほとんど答えられないのでは……）。

でも、数ある教科書のうちの、ある一ページがその人の人生を大きく開く可能性もある……。学びというのは、実に不思議な世界です。

環境教育や体験学習をすすめている仲間たちはよく、

「聞いたことは、忘れる
見たことは、覚える
体験したことは、わかる
自分で発見したことは、使える」

といった標語を使って、視覚的に伝えることや、体験を通じて自ら発見する学びの重要性を教えてくれています。また、指導者が話をしたからといって、学習者が理解するとは限らない、ということを戒めてもくれます。

やはり、学んだことを日々に活かすことができて初めて、学習したことの意味は花開くのではないか、と思います。

◆後日談メールお待ちしてます
このたびは、講座にご参加いただき、ありがとうございました
あれから１週間経ちましたが、皆さまいかがお過ごしでしょうか？
私たちの主催講座では、当日アンケートというものをとっておりません
その代わり「後日談」をお聞かせいただけるとうれしいです
講座に参加して、
自分の何が変化したか、日常の暮らしにどうつながっているか、
あるとき、ぽんと何かが開けたとか、後からこういうことを感じたとか
こういうふうに活かせる瞬間があった！とか
お返事は、今すぐでなくても、ＯＫです
１週間後でも１か月後でも１年後でも10年後でもかまわないので、
「あ、あのときの時間が今の自分に生きているな」と思ったときに、
ご一報くださるとうれしいです

後日談を歓迎する

そうなってくると、だんだん、研修直後のアンケートやふりかえりシートには、僕自身、あまり関心を持てなくなってきました。学んだ直後は「よくわかった！」「これをやってみたいと思った」といった声を聞けたとしても、一週間後、一か月後に、本当にそれを実践しているかどうか、よくわからないからです。そこで、僕自身が研修や講座を主催したときには、「後日談を歓迎します」というメッセージを送るようにしました。

こういうふうに後日談を歓迎すると、ぽつりぽつりと返事があります。「半年後になって、ようやく教わったことの意味がわかって実践できた」とか、「初

めの一か月は教わったことを実践しようと思うものの壁にぶつかったが、一年後にはスムーズにできるようになっていた」「あのときの講座で知り合った仲間と一緒にこんな事業展開をすることになった」などという興味深い話を聞くことができます。

一〇年後の評価

僕の知り合いで、小学生を対象にした自然体験を提供していた人がいました。来る日も来る日も、子どもたちに自然の面白さや、野生生物の興味深い生態などを伝えてきた人でした。小学生向けの体験講座を毎年開催していたのですが、一〇年ほど経ったある日、職員募集に応募してきた人が、「私、小学生のころに、ここで開催している講座に参加して、将来は自然のことを伝える人になりたいと思ったんです！」と言ったそうです。自然体験の業界では「一〇年後の評価」として知られる話です。この話のように、学校の先生方が日々、一生懸命になってお伝えになっていることが、その子たちの人生に何かしら大きなインパクトを与えているかもしれない、と思うのです。短期的な測定や評価も必要かもしれませんが、こういうロングスパンの評価やフィードバックが返ってくると、なおのこと感慨深いのではないかと思いました。

自分自身のことをふりかえってみると、たくさんの先生に教えていただきながら、現在、つながっている人は数えるほどです。そんな自分を反省しつつ、卒業後もつながりを保ち、「先生、聞いてください！　あのときの学びはこんなふうにつながったんですよ」と伝えてくる教え子がいたら素晴らしいですね。

第2章　対談

ファシリテーションで学校教育をより豊かに！

青木将幸

岩瀬直樹

ゴリとマーキー

青木　今日、ゴリ（僕は親しみを込めて、岩瀬先生のことを「ゴリ」を呼ばせていただいています）と対談したかったのは、日本のファシリテーター型の先生のなかで、いちばん実践を積んでいるのはゴリだと思っているからです。僕は教師ではなく、学校のことは本当の意味でよくわからないところがあります。ゴリに教えていただきながら、この本の足りないところを補っていけたらと考えています。

岩瀬　ありがとうございます。今日はマーキー（僕は青木さんのことを、普段から「マーキー」と呼ばせていただいています）と話すことができて、うれしいです。

教室における主《しゅ》と従《じゅう》とは？

青木　今日は、まず「主従」の話をしたいと思っていました。主従という概念は、ファシリテーションの話をするときにも重要になってくるからです（ノートに陰陽図を描く）。

教室においては、先生が主になったり、子どもたちが主になったりしながら学びが進んでいくのだと思います。

先生が主で授業が進むとき、従である子どもたちは、先生の望むように動かなくてはいけません。その時間が長くなればなるほど、子どもたちはつらくなります。そして、休憩時間などで主（先生）がいなくなると、従（子どもたち）がエネルギーいっぱいに一気に動き始めます。このとき、非常に気持ちいい転換が起きてきます。従であった子どもが主たる存在になったとき、何か「にょきにょきと生えてくる」ものがあると思うんです。

　先生やファシリテーターが、常に自分が主導権を持たなくてはと思っているうちは、今言ったような転換や「にょきにょきと生えてくる」ことは起きないんですよね。

岩瀬　そうですね。でも、先生方は教室の主であることを手放すのが本当に苦手です。

　例えば、研究授業などで他の先生の授業を見るとき、教室の後ろに立って、おもに授業をしている先生を見る人が多いと思います。そうすると結果として、子どもたち学習者がどうしているかということへの意識が薄くなります。だから、授業後の話し合いも、先生にばかりフォーカスしてしまう。

　そういった癖が、とても強いんです。

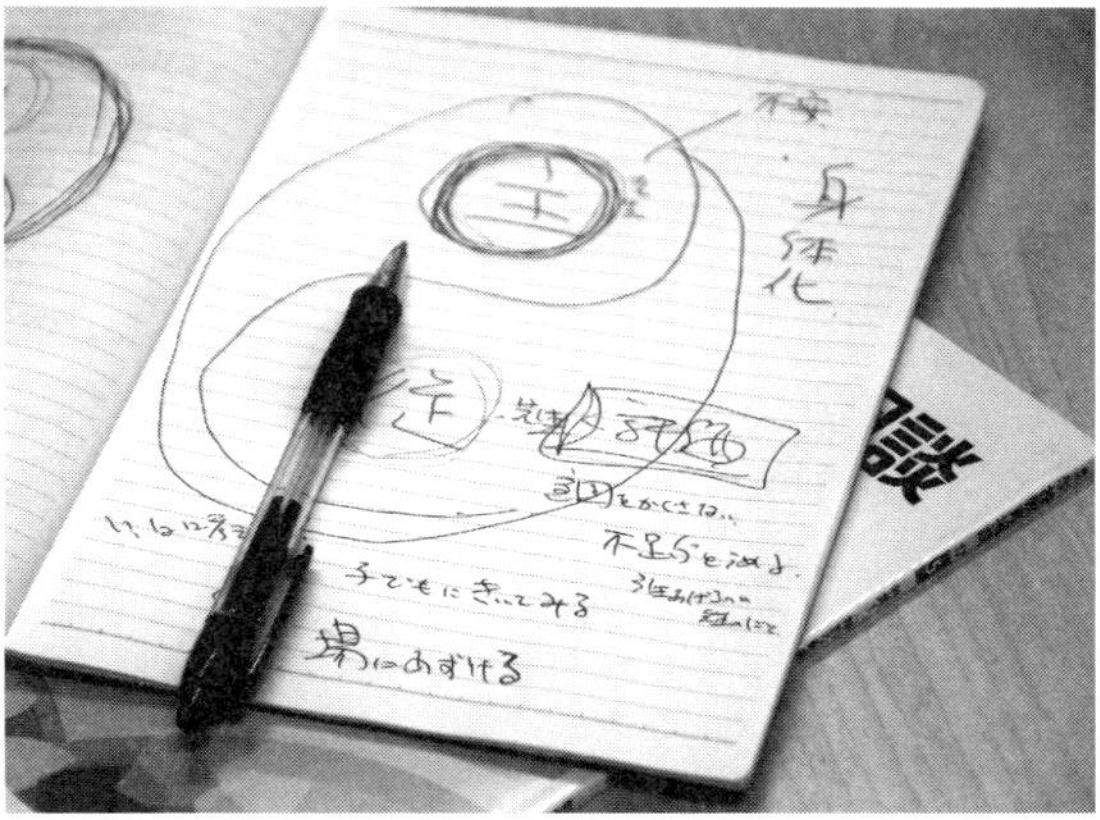

どうして主を手放せないのか？

岩瀬　先生が「自分は教室の主である」という意識を捨てるのが難しいのは、それが身体化されているからです。先生自身が、そういった授業をこれまでに一万時間以上も受けてきているんです。頭では、それではいけないとわかっています。でも、主としてふるまうと体が落ち着くんです。それで教室がうまくいくと、「やっぱり自分が主である必要がある」と思うわけです。これはなかなか、難しい問題だと感じています。先生になった人たちが、最初にとても苦しむ部分でもあります。

青木　なるほど、身体化、ですね。
　先生たちは不安だから、主を手放せないんですよね。不安だから、子どもたちを自由にすることができない。「今、子どもをおさえている手を離しても大丈夫なんだ」「離せば生き生きとするんだ」という事実を、代わりに身体化できたら、と思います。

岩瀬　そう、不安なんです。本当は手を離したいんです。でも「もう少し落ち着いてから」や「もう少し話が聞けるようになってから」と考えていると、永遠に手を離すタイミングは来ない。
　基本的には、子どもたちは動きたい、学びたいというエネルギーにあふれています。だから、その主導権をずっとこちらが握っていることは、本当は不可能なんです。

しかも、先生が主導権を握っていればいるほど、子どもたちは暴れてくる。そしてそれを制御するためには、より力を込めて手綱を握るしかなくなる。そんな悪循環が起きていきます。だからまずは、「場に預けても大丈夫なんだ」と学ぶことが大事なんです。

子どもの中の力を体感するには

岩瀬　僕は、「作家の時間*」という授業をやっています。その時間は、子どもたちみんなが作家になって、書きたいことを書きたいように、書きたいペースで書くんです。それから、出来上がったものを出版して、みんなに読んでもらう、そんな学び方です。

「作家の時間」を始める前も、僕は作文の時間には力を入れていて、いろいろと書く技術が子どもたちに身につくよう、工夫していました。でも、「作家の時間」を取り入れて、「今日から皆さんは作家ですよ」って子どもたちに学びのコントローラーをわたしたら、もう恐ろしい勢いで書き始めたんです。人って実は、やりたいことが身体の中にたくさんあるのに、僕は今までそれを全部、全力で、善意を込めて阻害していたんだと、このとき体感したんですよね（笑）。

*作家の時間：子どもたちが「作家」になり、自分で書きたいテーマを決め、自分のペースで書き、出来上がったものをクラス全員で読むという形式の作文の学び方。子どもたちが主体となって書くことで、自立した書き手を目指す。
『ライティング・ワークショップ―「書く」ことが好きになる教え方・学び方』ラルフ・フレッチャー&ジョアン・ポータルピ著、小坂敦子・吉田新一郎訳、新評論、二〇〇七年
『作家の時間―「書く」ことが好きになる教え方・学び方（実践編）』プロジェクト・ワークショップ編、新

そうやって、自分で主体的に書き始めると、「読者に伝えたい！」という気持ちが生まれ、今度は文章がうまくなりたくなる。言葉の使い方を間違えたのが悔しいから辞書を引こうとか、本を読んでいていい表現を見つけたら、それを真似して書いてみようとか、自分で考えられるようになるんです。そういう子どもたちの様子を見ていると、学びって、本当に学び手のものなんだと実感します。自分が学ばなくてはいけないことは、当事者が一番よくわかってるんです。でも、子どもたちのそういう力に任せられないで、先生がなんとか自分が用意してきたことを学ばせようとしてしまう。

青木　「子どもたちの中に力がある」という感覚を、先生たちが味わう機会がたくさんあるといいんですけどね。

岩瀬　子どもたちの中に力があることを実感するためには、「先生も子どもと一緒にいろいろ楽しんでみる」というのが第一歩だと思います。

僕がやっていた「お掃除プロ制*」なんかも、ばかばかしいと言えばそうなんですが、子どもたちにとっては壮大なごっこ遊びのようなものです。本当に「プロ」になるつもりで一生懸命やるんです。ミカンの皮でオリジナル洗剤をつくったり、自分たちで掃除マニュアルをつくって次の学年に引き継いだり。

そういう子どもたちの自発的な行動を先生が一緒に楽しみ、喜ぶ中で子どもの力を体感していくのだと思います。

＊お掃除プロ制：子どもたちが一年間、同じ場所を自分で選んで掃除し、その場所の「掃除のプロ」を目指すという取り組み。
『クラスづくりの極意―ぼくら、先生なしでも大丈夫だよ』岩瀬直樹著、農山漁村文化協会、二〇一一年

青木　「人間が未知のものに出会ったときには、基本的に『恐れる』か『愛でる』かの二つの感情が起こる」と聞いたことがあります。子どもたちが、自分が想定しないことをやっているのを見て、「これは問題だ！」と思うか「これは面白い！」と思うかで、対応はぜんぜん違いますからね。「恐れる」感情が起こると、子どもの行動をコントロールしようとするけれど、「愛でる」側に立つことができたら、いかようにもなりそうです。

岩瀬　「愛でる」って、面白い表現ですね。僕は「そう来たか！」って思えるようにしたいんです。「そう来たか！　次はどうする？」って思うか、「うわっ、そんなことして……」って思うかで、考えのモードが違っちゃいますから。

最初は「先生が力を持っていれば」と考えていたけど……

岩瀬　最初のうちは僕も、授業の主導権を握って、子どもにたくさんのおいしい教材を投げて「喜ばせる」先生を目指していました。そういったやり方って、先生としても気持ちがいいし、子どもからも保護者からも評価が高い。もう承認欲求が満たされまくるんですよ（笑）。

青木　（笑）「自分は有能な先生だ」と思ってしまうと。

岩瀬　そう思ってしまうんです。でも、その当時僕の担任したクラスは次の年によく荒れるということがありまして、これはかなり強烈な体験でした。

結局僕は、「先生がおいしいものを与えてくれるまで待っている」ということを、結果として子どもたちに教えてしまったのだと思いました。次の年クラスが荒れる原因は、待っていてもおいしいものが降ってこないので、「どうしてだ」と子どもたちが暴れてしまうということだったんです。それに気づいたことが、僕がファシリテーションやワークショップを学ぼうと思った一つの転機でした。

僕は学生時代、夏休みにキャンプリーダーをやっていました。だからそこで、子どもには自分でやれる力があるってことはわかっていたはずなんです。

けれど、いざ学校現場に出たらどうにもなりませんでした。クラスをきちんとまとめなさいという周囲からのプレッシャーにも負けそうになって、なんとかしようと本屋に駆け込んだんです。「子どもたちを動かす技術」的な本をたくさん読み、試しました。例えば、子どもに指示をするとき、「ごみを拾いなさい」と指示してもダメなんだと。代わりに具体的な数で「ごみを二〇個拾いましょう」って言うといい、みたいな。そのとおりにやってみると、うまくいったりするわけです。

それで、先生が力をつければつけるほど子どもを動かせるようになる、そして子どもも喜ぶのだということを、教員になって最初に自分で強化してしまったところがありました。

訪れた転機、視点の転換

岩瀬　でも、先ほどのようにクラスが荒れた経験などもあって、かなり本格的に、根本から自分は間違っているように思いました。でも、次にどうしたらいいかわからなかった。そんなときに出会ったのがワークショップであり、ファシリテーションでした。

　研修会に参加してみて、「自分は、学びというものを根本的に取り違えていた」と思いました。自分が学習者側に回ったことで、「学びというものは、教え手のほうにあるものではなく、学び手のほうにあるものだ」と体感しました。それで、ようやく踏み出せてきたように思います。

　以前は、僕は常に教え手側から眺めて、どうしたらいいだろうと考えていました。でも、学習者側から眺め、「子どもはどうしたいんだろう」「今何が起きているんだろう」といったことに意識が向くようになったというのが、一番大きい転機ですね。

青木　視点が本当に転換していますね。その転機が、ゴリにとっての主と従の転換だったわけですね。

子どもから「本当に思っていること」を引き出すには

岩瀬　話がちょっと戻りますが、先生は、教室で何か困ったときに、「どうしたらいいと思う?」と子どもたちに聞いてみるのが苦手だと感じています。子どもたちに聞けば、思っていることや感じていることをいっぱい出してくれるのに。子どもたちは、それを出す場面がないんです。

青木　子どもに何か聞くとき、自分が正しい答えを持っていて、それを言わせようとする先生って、けっこういますよね。そういう場合、いわゆる「いい子」は先生が期待する答えを返してくれますが、本当に思っていることや感じていることを言ってくれない子もいます。

岩瀬　「先生は自分になんて言ってほしいんだろう」って子どもたちが考えて、それで出てくる答えを聞いているのって、ほんと苦痛ですよね。

青木　子どもに自由に聞ける感じは、どうやったらつくれるのでしょう。

岩瀬　直接つながるかわかりませんけど……。学校の先生は、子どもたちにこうなってほしいという理想的なイメージを持っていて、そこまで子どもたちを引き上げるのが仕事だと思っています。

この「子どもたちを引き上げようという意図が入った質問」が、誘導的な質問になってしまうように思います。先生はゴールにいて、「子どもたちはみんな、このゴールまで来るといいよね」という姿勢なんです。でも、そこまで行くのは子どもの仕事なわけで、だから先生も子どもたちと一緒に歩いて行こうっていう姿勢になれれば、途端に面白くなってくるはずなんです。

僕は研究授業のときには、その授業案を子どもたちに配って、検討会をしてもらっていました。そうして出来上がった子どもたちがデザインした授業は、子どもたちにとって、とてもいい学びになります。

青木　なるほど、お客さんが食べたいものを、店側に注文する感じになりますからね。

岩瀬　同じ授業案を事前に配るのでも、「こういう流れでやるのでよろしく」と言うのと、「これでいこうと思うんだけど、みんなで検討して」って言うのではぜんぜん違います。

前者は子どもたちを、自分の目指すところまで引き上げようとしているけど、後者は一緒に考えて、一緒にゴールへ向かおうとしています。そうやって考えていると、子どもたちから思ってもみない考えが出てきたりして、楽しいんです。先生方がそれを実感できたら、いろいろと変わってくるのではないかと思います。

青木　会議でのファシリテーションも一緒ですね。こちらが本音を出すと、参加者も本音を言ってくれるようになります。子どもたちに、こちらが考えていることを隠さないで正直に話せば話すほど、子どもたちもオープンになってくれます。お互いさまです。
こちらの態度や意図は、あちらに伝染して、それがそのまま返ってくるんだという感覚がずっとあります。

子どもが主になる授業での「評価」

青木　先ほど話してくださった「作家の時間」も「お掃除プロ制」も、子どもが主になっていますよね。ではその間、従たる先生は何をしていたらいいのか、逆に何をしたら子どもの活動を阻害してしまうのか、ということが、非常に大事になってくると思います。
例えば、評価をどうするのかということは肝心です。「自由に書いていいよ」って先生に言われたとしても、それを完全に信じることができないのは、書いた内容によって評価されるのを恐れているからです。子どもが主になる授業でも、評価の入るタイミングによっては、急に主体性が失われます。非常に悩ましいですね。

岩瀬　そうですね。先生は、どれだけ子どもに任せたいと思っても、評価が毛穴からにじみ出てしまいがちです。それこそ昔、クラスの子に言われました。「任せてる任せてるって言うけど、してほしいことあるんでしょ」と。正直、「あっ、ばれてる」と、ズギューンってきました。その子がそう言ったときの情景は今でも忘れられません。
だから例えば、「作家の時間」で僕が注意していたことは、一番のファンでいることでした。

そして、教えるとしたら、「どうしたらいいの？」って聞かれたときにしようと思っていました。あるいは、書き出しを教えたいと思ったら、書き出しがたくさん載ってる本を置いておいて、「読んでみるといいよ」って子どもたちを刺激してみたりしていました。

あくまで、評価するのは「読者」であって、先生ではないという立ち位置が大事です。これは、算数など他の教科でも同じです。

僕は教科書の答えなどを教室に置きっぱなしにして、子どもたちに「好きなときに見ていいよ」と言っています。そのようにしたら、答えだけ写す子がいるのではと思うかもしれませんけど、それはないんです。なぜなら問題を解くのは、本人が、どれくらいわかっていて、どこがわからないのか、自分の現在地を知るためだからです。つまり、自分の学力の評価をするのは自分になります。

自力でわからないところを教えてほしいときには僕のところへ来ますけど、そのときにはもう評価する・評価されるの関係性ではなくなっています。先生とはおそらく「評価する人」ではないんです。

青木　そういう関係になれるといいですね。「評価をしなくては」という思いを手放せると、見たことのない世界を学習者がつくってくれます。

岩瀬　ただ、それでも通知表など、どうしても評価しなくてはいけない場面はあります。これについては、子どもたちに「意図を隠さない」ことが大事だと思っています。例えば、「『通知表のこの項目は、こういう部分の評価でつけます』と言っておく」ことです。

学校の先生は、「意図を隠しておくのがいい」という文化を多少持っています。授業の構造がそうなっていることが多いですから。ぎりぎりまで答えを隠して、子どもたちをわざとわからなくさせておいて、それから実はこういうことだったんだって種明かしをして、驚かせる授業です。

僕はそういうのはなるべく減らしたほうがいいと考えています。なぜ今この学びの形態になっているのかとか、なんでグループをつくるのかとか、そういったものも含めて授業や学び方の意図を明らかにしておくことが、評価の問題を潜り抜ける方法の一つだと思います。

先生が悩まされる表と裏のストーリー

岩瀬　ただ、僕ら先生が困るのは、学校には表と裏のストーリーがあるということです。学校という制度を背負っているために、本音のとおりにできないことが数多くあります。

例えば、学校では名札をつけなくてはいけないと決まっていますよね。でも、先生も本音では、名札なんてばかばかしいと思っていたりする人もいるわけです。だって、そんなものつけなくても、みんな、名前は知っていますから。名札をつけていない子どもがいたとき、その子の名前を呼んで怒ったりします（笑）。もう、何のために怒っているのか、自分でもわからない。しかし、名札は全員つけるものというのは学校の強烈な文化です。そして、それができない学級は若い先生なんかは特に、担任の力がないと、周りから批判されます。

青木　うわぁー。

岩瀬　本当はばかばかしいと思っているけれど、そうとは言えないダブルバインドが、先生の立場のズレを生じさせるんです。若い先生などは、最初はそういった感覚に敏感なんですが、少しずつ、しようがないと慣れていきます。

そうすると、子どもの側から見ると、「あれ？　この先生、その時々で言ってることが違う」となってしまう。先生はこういう環境に陥りやすいんです。

そういう板挟みの中にいるときに、子どもに「名札ってばかばかしいよね」と言われたら、困ってしまうわけです。「王様は裸じゃん」って言われてるのと同じですから。

そういうときに、「そうだね。でもこれは決まりだから、ちょっと付き合ってくれる？」って言うのと、「これは決まりだから、守らなくちゃダメだよ」って言うのとでは、その先に起きる反応が全然変わってきます。

青木　裏ストーリーもオープンにしていく姿勢なんですね。

岩瀬　そうです。僕は、高学年を担任することが多かったので、わかってもらえるだろうと、正直に話していました。

例えば、朝マラソンっていうシステムがあります。でも、朝はのんびりしていたい子どももいる。僕も、朝の時間は自由であるといいなと思います。でも職員会議では、朝運動すると勉強の効率がよくなるといったある意味妥当な意見も出る。そして、朝マラソンをしようと決まったら、先生は子どもに呼びかけないといけない。だから、「申し訳ないけど、決まってしまったから、ちょっと付き合ってほしい」と説明します。その代わり走る回数は選んでもらって構わないからと言っていました。「一周だけ走って戻ってくるのもあり。たくさん走って、これを機会に体力をつけるのに利用するのもあり」と。

子どもをリスペクトするということ

青木　裏のストーリーや評価の意図を伝えるとき、子どもたちをリスペクトしているかどうかが大事なんじゃないでしょうか。有無を言わさず「ルールだから従いなさい」と言ってしまうのは、リスペクトがないときだな、と。

お互い一人の人間として接することができれば、通じ合える。ファシリテーターはやっぱり、参加者一人一人をリスペクトしていることが基本的な姿勢だと考えています。

岩瀬　同感です。そして、どんな場面でも同じようにふるまうということも大事だと思っています。ある授業ではファシリテーター的な先生なのに、別の授業になると急に一斉授業の権化になることは、よくあることです。そうなると、その先生のメッセージはめちゃくちゃになってしまう。子どもたちにも「この先生、本気で私たちに任せようとしてないな」って、ばれてしまうんです。

青木　二重人格的な先生を子どもたちに見せることになるんですね。

岩瀬　子どもが主でいられる時間を、言い方は悪いですが、ガス抜きの時間にしてしまうんですね。「この時間は主にしてあげたんだから、きちんと切り替えて従に戻りなさい」という意味のことを言ってしまう。「はい、切り替えて！」。先生が多用する言葉ですよね。

青木　あっ、多いです。

岩瀬　プロジェクトアドベンチャー*（ＰＡ）などをやる先生も増えてきて、そういうときにはすごくいい取り組みをするんです。でも、教室での授業に戻ると、「はい、切り替えて（従に戻って）！」と言ってしまう。そういうことが起こりがちです。

*プロジェクトアドベンチャー（ＰＡ）：グループでの冒険活動を通じて、問題解決能力、チャレンジする気持ち、チームワーク、自分や相手を尊重する態度、信頼感、コミュニケーションなどを学び、個人の成長と人間関係の改善を目指すプログラム。

柔だけでいいのか？　剛だけでいいのか？

青木　これまでの話と矛盾するように感じるかもしれませんが、僕は最近、先生が主になって子どもたちに厳しく接する時間も必要なのかもしれない、と思っています。

というのも最近、剣道を始めたんですよ。基本的に武道は全部そうですけれど、主従が明確なんです。先生の指導は絶対で、とても厳しい。

例えば、僕が素振りをしているとき、竹刀の振りが曲がっている。そうすると、先生は「今の竹刀の振りが曲がっているのはわかってますか。それは、あなたの心が曲がっているからです」と言うわけです。そうすると僕は「申し訳ありません！　僕の心が曲がっていました！」と返すほかない。剣道の先生には、そういう有無を言わせない感じがあります。

でも、不思議と僕はそれが、ものすごい楽しい！　面白い！　と思っているんです。日本の教育の仕方は古来そのような、非常に強制力があり、それ以外認めないような仕方だったのではと思います。「こういった身体化はすごいぞ」と、僕の中で考えが揺らいでいます。

そういった「先生の指導は絶対」という教育の仕方とファシリテーター的な教育の仕方、両方が大事で、その二つをどう折り合いをつけるかというのが、僕の最前線の問題意識です。

岩瀬　そのあたり僕もとても興味があります。もうちょっとお聞かせいただけますか。

青木　「社会はどうなんだろう」を始点に考えています。「どういう社会をつくっていきたいか」と「どういう教育をするのか」とは、リンクしていると思うんです。僕が今、これまで否定してきた強制力のあるものに対して、非常に面白くて価値があると感じているのは、社会のとらえ方が自分の中で揺らいでいることと関連しているのだと思います。

「柔よく剛を制す。剛よく柔を断つ」という言葉がありますけど、社会の構造も柔の部分と剛の部分の両方が必要なんだと思います。僕は「柔側の専門家」ですが、学校や社会が生き生きするためには、「剛と柔が組み合わさること」が必要だと考えています。

岩瀬　学校における剛って何でしょうかね。

青木　それは「おるぁ、言うこと聞け！」です、やっぱり（笑）。そういったふるまいは、ずっと価値がないと思っていたんですけど、自分の見方が変わってきています。

クラス担任が替わって、柔のやさしい先生に当たることもあれば、とても厳しい先生に当たることもある。剛の先生に当たると、僕の子どもなんかは泣きながら学校に行ってました。けれど、そういった先生に当たった価値もあったと思うんです。その先生で伸びた力、身につけたこともありました。

ただ、バランス的にはファシリテーター型の先生がもっと増えたほうが、学校教育にはプラスになると思います。教室の主であることを手放し、子どもたちが持っている学びたいというエネルギーを自然に引き出す先生たちです。

岩瀬　学習者側からの眺めを意識して、意図をオープンにして、一緒に考えて、一緒にゴールへ向かっていく。

青木　そうです、一人一人の当事者性を大切にして、他者とのかかわりの中で深い学びへといざなうファシリテーションの視点や手法は、学校教育をもっともっと豊かにするお手伝いができると思います。

子どもたちの成長を「楽しみに待つ」

青木　僕には、子どもが二人いますけど、子どもたちは確実に、僕たちの想定を超えていく世代です。だから、その成長を「楽しみに待つ」のが、親なり指導者なりの仕事ではないかな、と思っています。ファシリテーターは、「待つ人」「待てる人」です。

岩瀬　そうですね。子どもたちは、想定している成長を遥かに凌駕していきます。「どんなことが起きるんだろう」って、楽しみながら待つ感じです。

人が育つ環境はさまざまですが、結果としてどんな環境でも育っていきます。僕たちの想像よりも、もっとしたたかに、ちゃんと成長していくんです。

だから、学校ですべてコントロールできると思ってはいけないと思うんです。「学校がいい場であってほしい」と心から願っていますが、「学校は限定的な場である」ことを忘れないようにしたいですね。

第3章

学校で活かすファシリテーション

1

こんなクラスになっていったらいいな

クラス目標、どうやってつくっていますか？

クラス目標、皆さんはどうやってつくっていますか？
あわただしい新年度、クラス目標をじっくりつくる時間をひねり出すことは難しいでしょうか？
子どもたちから意見を出してもらい、挙手でちゃちゃっと決めている先生もいると思います。子どもたちの様子を見て、「今年のクラス目標はこれ！」と先生自身の気持ちで目標設定する場合もあるでしょう。

私が考えるファシリテーションとは、「一人一人が主体性をもってかかわれる場づくり」が肝要と心得ます。なので、「一年間の目標こそ、みんなで一緒につくれると面白いな」と感じています。

「一年間、子どもたちと（保護者の皆さんとも）一緒になって、このクラスをつくっていく」。

そういう流れを生むためにも、クラス目標づくりにちょっと時間をかけてみましょう。手順は、いたって簡単。８つのステップで完成です。

クラス目標をみんなでつくる8つのステップ

以下、細かく手順や指示の出し方を書いてみます。

①紙を配る

まずは紙を配る。ふだん、私はＢ６判サイズの「情報カード」という硬めの紙を使うことが多い（「情報カード」を使うと、机のない話し合いの場でも、下敷きなしで書けるし、ぺらぺらしないので、それを持って話し合いもしやすいので）。

紙が全員に行き渡ったら、左上にニコちゃんマークを書いてもらうように指示する。そして、右上にバッテンくんマークを書いてもらう。

「さて、ニコちゃんマークと、バッテンくんマークが書かれた紙が整いましたか？　これから、皆さんと一緒に、このクラスの一年間の目標をつくろうと思います。この紙には、みんなの意見を書いてもらいます」と、これから何をするのかを丁寧に伝える。

②「こんなクラスになっていったらいいな」というイメージを書いてもらう

「さて、左上にはニコちゃんマークが入っていますね。ここには〈こんなクラスになっていったらいいな〉と思うイメージを書いてほしいと思います。〈たくさん笑える〉とか、〈困っても助け合える〉とか。自分も、クラスのみんなも、先生も、ニコニコできそうなクラスのイメージを書いてくださいね」などと説明し、少し書く時間を取る。

③「こんなクラスにはなってほしくない」というイメージも書いてもらう

各自が何項目か書き進めたようであれば、「右上には、バッテンくんマークがありますね。ここには〈こんなクラスにはなってほしくない〉と思うイメージを書いていただきます。〈いじめがある〉とか〈先生が怒ってばっかり〉とか。どんなクラスになってほしくないか、を書いてくださいね」などと説明し、もう少し書く時間を取る。「こんなクラスにはなってほしくない」というイメージは、「こんなクラスになっていったらいいな」のイメージを、さらに具体的にふくらませる効果がある。例えば「足を引っぱりあうクラスはイヤだ」「何をやっても冷めているクラスはちょっと…」などの意見は、よいほうのイメージからは出にくい。

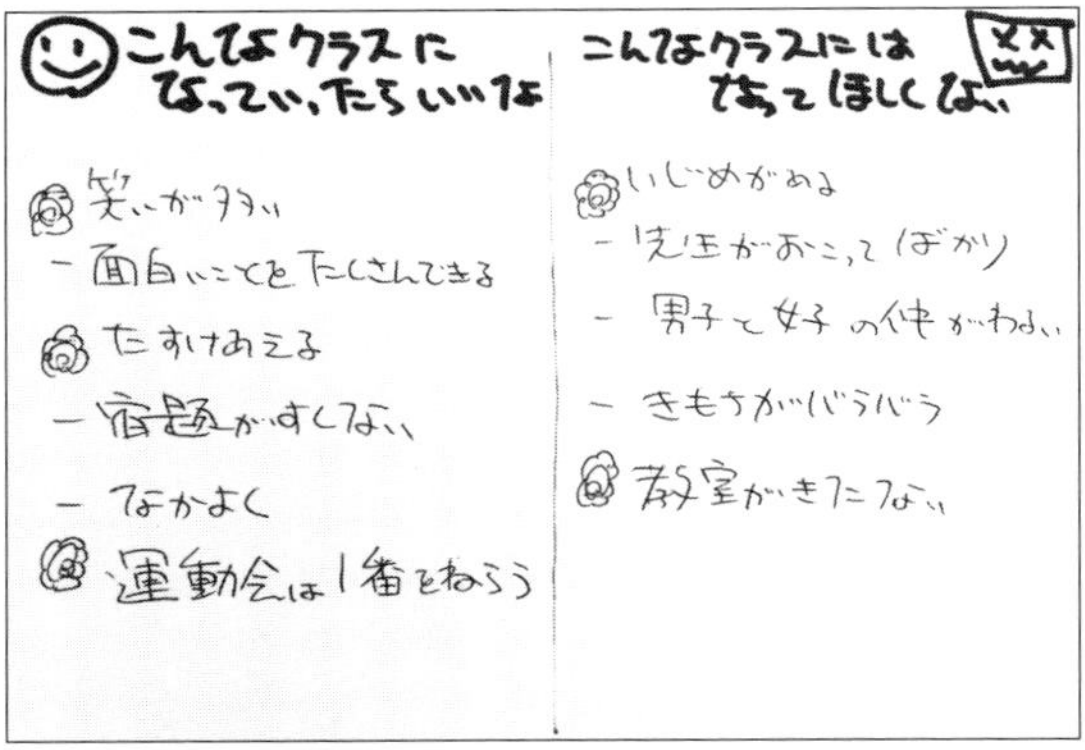
こんなクラスになっていったらいいな
笑いが多い
ー面白いことをたくさんできる
たすけあえる
ー宿題がすくない
ーなかよく
運動会は1番をねらう
こんなクラスにはなってほしくない
いじめがある
ー先生がおこってばかり
ー男子と女子の仲がわるい
ーきもちがバラバラ
教室がきたない

②③あわせて五分ほど。

④近くに座っている人と三人一組になり、どんなことを書いたか話し合う

「はい。だいたい書けたようなので、近くに座っている人で三人一組をつくりましょう。昔から

『三人寄れば文殊の知恵』と言って、自分と違う考えの人と話し合うと、いろいろわかることがあるようですよ。紙にどんなことを書いたのか、話し合ってみてください。ちょうど三人で割り切れない場合は四人でもいいですよ」などと言って、少人数で話し合いをスタート。子どもたちが自分たちの力で三人組になるのを待ちながら、適宜、アシストしていく。

話し合いの時間は三分ぐらいあればＯＫ。

⑤その三人組で、「三人ともが、そうだ！　と言えるもの」を選んで発表してもらう

ざわざわしているところで、「はい、ちょっと聞いてください。だいたい話せたかな」と割って入り、「いまからね、三人ともが〈そうだ！〉と言えるものに、ハナマルをつけてもらいます。三人いれば、三通りの考え方があります。それでも、いま書いてもらったもののなかに、三人ともがうなずけるものもあると思うんですね。それを見つけたら、ハナマルをつけてください。あとで発表してもらいますよ」と促す。

これも三分ほど。

クラス目標をみんなでつくる８つのステップ

①紙を配る
↓
②「こんなクラスになっていったらいいな」というイメージを書いてもらう
↓
③「こんなクラスにはなってほしくない」というイメージも書いてもらう
↓
④近くに座っている人と三人一組になり、どんなことを書いたか話し合う
↓
⑤その三人組で、「三人ともが、そうだ！と言えるもの」を選んで発表してもらう
↓
⑥発表を板書する
↓
⑦「クラスで一年間、目標としたいと思うもの」に投票してもらう
↓
⑧投票の結果、たくさん投票が集まったものを一年間のクラス目標とする

⑥発表を板書する

子どもたちの様子を見て、いくつかハナマルがついたようだったら、「はい、いくつかハナマルつきましたか？」と聞き、発表を促す。

それぞれの三人組から、まずは一つだけハナマルを発表してもらい、全グループからの発表を板書したものを読み上げて、「手元のハナマルで、まだ黒板に書かれていないものがあったら発表してください」と促す。

ニコちゃんマークのものだけでなく、バッテンくんマークのものも、ハナマルがついたものは全部発表してもらう。

⑦「クラスで一年間、目標としたいと思うもの」に投票してもらう

「さて、いくつも出てきましたね。みんな、こんなクラスにしたいんだね。先生は、皆さんのイメージを聞くことができて安心しました。こんなクラスにしたくないってのも、わかるわかる。いまから、私たちのクラス目標にするものをしぼりこんでいきたいんだけど、いいかな。ここにあがった項目はどれも大切なものですが、クラスの多くの人が〈ここを大事にしたい！〉っていうのがどれかを調査したいと思います。それぞれの項目を読み上げていくので、〈ここが大事だ！〉と思ったときに手をあげてください」と促し、一つ一つの項目を読み上げる。票数をカウントして、項目のわきに書き出す。

⑧投票の結果、たくさん投票が集まったものを一年間のクラス目標とする

「さて、発表します！　一番票が多かったのは……これですね」といって読み上げ、トップ3あたりまでを発表する。「どの提案もすべて大事。たくさんの人が共感したものは、さらに大事ですね」と伝え、それらをまとめ、文章を整えるなどして一年間のクラス目標にする。

なお、すべての項目をクラス目標にしてもＯＫ。ただ、どの意見にたくさんの票が集まったのかなど、そのプロセスを共有しておくことが、みんなの気持ちの一つの確認になる。小学校高学年や中高生なら、文章をまとめる係や、決めたクラス目標を見やすく書いて掲示する係を公募するのもよい。

オーナーシップ
自分たちで目標を立てることの意味

一年間のクラス目標を、子どもたちと一緒につくることの意味は何でしょうか？　いくつかあげられるでしょうが、最も大きなことは「このクラスは、自分たちのクラスだ！」という気持ちが高まることだと思います。

主体的にものごとにかかわる姿勢のことを「オーナーシップ（主体的責任）」と表現することがあります。負わされる責任ではなく、自分たちで気持ちを寄せてつくりあげていった主体的な責任です。

オーナーシップが高まることで、何かクラスに問題が起きたとしても、自分たちで解決していこうという動きが生じやすくなります。新年度のスタート時、子どもたちがクラス目標づくりに

主体的にかかわることで、今年度のクラスそのものに対するオーナーシップが高まるきっかけにしたいものです。

保護者とも語ろう、クラスのあり方

私の子どもも公立の小学校に通っていますが、いわゆる保護者会やクラス懇談会で、クラスのあり方を意見交換する機会というのは、なかなかないものです。問題が起きてしまってから、クレームのような発言が出て、ようやくそういう話になるというのは、ちょっともったいないです。できれば、新しいクラスをつくっていく新年度の時期に、ここで紹介したクラス目標決めと同様の方法で保護者から意見を聞いてみることをおすすめします。

子どもたちの「こんなクラスにしたい！」という願いと、保護者たちの願い、そして先生の願いが合わさったところにクラス目標が設定できると、一年間、一緒にクラスをつくっていく機運も高まるのではないでしょうか。

2 小学校でファシリテート〈お困りごと解決会議〉

ミーティング・ファシリテーターとして、以前、ある小学校の教員から「いちど、私の受け持っているクラスで一コマやってくれませんか?」と依頼されたことがあります。おうかがいしたのは五年生のクラス。算数の時間をこんなふうにやってみました。

〈算数のお困りごと解決会議〉はじまりはじまり

「はい、皆さん、こんにちは。今日、授業を教えてくださるのは、青木先生でーす。先生には算数の授業をお願いしているのですが、算数に詳しいわけじゃないんですって。先生が詳しいのは、話し合いの進め方。どんな内容か、楽しみですね。では、青木先生お願いします」と、担任の先生からご紹介。

「皆さん、今日はよろしくお願いします。青木将幸といいます。今日は、皆さんが算数を学んでいて、困っていることを解決するような授業をやってみたいと思います」と切り出しました。

黒板に、〈算数のお困りごと解決会議〉と書きました。

「算数、好きな人、はーい！　ほうほう。ちょっと苦手な人、はーい。おおお、たくさんいますねぇ。僕も子どものころ、あんまり算数は得意じゃなかったです。でも、もしかしたら、今日の授業で、皆さんが算数を好きになったり、困っていることが解決するかもしれません」

〈算数のお困りごと解決会議〉の手順

①算数で困っていることを紙に書く

②四人一組をつくって、じゃんけんをする。勝った人から右まわり

③困っていることを一番の人が話す。残りの人は、どうやったらうまくやれるか？を一緒に考えて、アドバイスする

「というのが〈お困りごと解決会議〉の手順です。まず、自分が『算数で困っていること』『ちょっとよくわからないこと』『算数の得意な他の子から教えてもらいたいこと』を、配った白い紙に書いてください。算数に関して困っていることだったら、どんなことを書いてもいいですよ」

と言って、同じＡ４判の紙に書いた例示を見せました。

返答の例を示す

「例えば、『小数の割り算をしていると、こんがらがっちゃう』という〈お困りごと〉。小数の割

り算って、ややこしいからね。こう思っている人は、そう書いてOK。あるいは『そもそも、なんで算数なんか勉強しないといけないのか、わからなくて困っている』という人もいるかもしれません。もしそう思っていたら、そう書いていいですよ。どんな〈お困りごと〉でも、クラスの仲間たちが一緒に考えてくれます。もしかしたら、算数は得意で、特に困っていないという人もいるかもしれませんね。そのときは『ぜんぜん困っていない(^^)』と書いてもかまいません。その人は、困っている他の人に時間を分けてあげてください」

ファシリテーションの分野では、こうやって、質問に対する返答の例を示すことをモデリングと言います。いくつか例を見せることで、「あー、なるほど。こんなことを書いたらいいんだな」という見当をつけてもらうのです。「そもそも、なんで算数なんか勉強しないといけないのか、わからなくて困っている」といったレベルのことまで、書いていいんだ！ということがわかるのです。

余計な口をはさまず【待つ】

「では皆さん、お手元の紙に、〈お困りごと〉を書いてくださーい」と言って書く時間をとりました。すぐに書き始める子どももも
いれば、宙をにらんで考えごとをしている子もいます。

こういう時間帯に、私がなるべく気をつけていることは「いっ

たん指示出しをして、学習者に時間を与えたら、なるべく余計な口をはさまない」ということです。未熟なファシリテーターは待てずに、「こういうことを書いてもいいんですよ」とか「これは大切ですからね」などと補足したり、あれこれしゃべってしまいがち。

ここで大事なのは、書く前に一定の指示を出したら、あとは【待つ】ということです。学習者自身が考えを整えるための時間をあげてほしいと思います。ペンは動いてないけれど、宙をにらんで考えごとをしているプロセスこそ、邪魔しないようにしたいものです。

じっくりと待ち、おおむね皆が書けたようなら「では、そろそろ、次の手順に移っていいですか？」と確認します。そして、「皆さんの書いたものを、見せていただけますか？ クイズ番組みたいに、こうやって掲げてください。はい」と、全員にＡ４判の紙を頭上に掲げてもらいました。すると、実に多様な〈お困りごと〉が書かれています。ある数式の解き方について具体的に言及したものもあれば、「自分の人生に算数は必要なのか？」という哲学的な問いを示すものまでずらり。その人自身が、自分で考えて出した「問い」を見るたびに、私は感動を覚えます。

アイスブレイクで活気づく

「はい、ありがとうございます。それぞれの〈お困りごと〉、みんなで解決していきましょうね。では、近くに座っている人と四人組をつくってください」とグループ分けを促します。（学習班などを利用してもよいでしょう。）

「では、四人でじゃんけんをして、勝った人は元気に手を挙げてください。せーの、じゃん・けん・ぽーん！」

学習の本筋とは関係ないかもしれませんが、こういう瞬間に、教室は活気づき、皆が元気になります。拙著『リラックスと集中を一瞬でつくる　アイスブレイク ベスト50』（ほんの森出版）でも、いくつか、じゃんけんを活用したアイスブレイク（緊張をほぐす工夫）を紹介していますが、やっぱり生き生きとした子どもたちの表情を見るのはうれしいものです。

見ないふり、聞いてないふり

「元気に手を挙げた人を一番手に、〈お困りごと解決会議〉を始めてください。まずは、その人の〈お困りごと〉をよく聞いてあげてくださいね。〈お困りごと〉を聞いたら、皆で、どうやったらそれが解決できるか、全員で知恵を出してください。アドバイスをしたり、『私はこうやっているよ』ということを話したり。一番手の人の〈お困りごと〉を話し合うのに、まずは五分、時間をとります。いいですか？　では、よーい、スタート！」と促すと、いっせいにクラス中で話し合いが開始されます。教室中で、〈算数のお困りごと〉が語られています。

私の場合、先ほどの【待つ】時間やこのようなグループワークをやっている時間は、なるべく、「話を聞いているよ」というのとは違う態度をとるようにします。手元の文具を整えたり、次の資料の準備をするなどして、「皆さんが話し合う時間なので、おまかせしていますよ」という態度を示すことが多いです。

かつては、「ちゃんと話し合えているのかな？」と確認したいし、グループの様子をうかがいたいという気持ちが強く、サメのように教室を回遊していたことがあります。が、そういうふうにすると、「先生が見ているから」と、微妙に話し合いの進み方が変化してしまうことがわかりました。「見られている用」の発言が出てしまっていて、本当に言いたいことが言えてないシーンに出くわしたからです。それ以降、私は、学習者とグループを信じて、なるべく寄らない。聞いてないふりをして、もれ聞こえてくることがあれば、それを音楽のように聞く、くらいにしています。

みんなで解決していく姿勢

さて、一番手の五分がたちました。ちーん、とベルを鳴らして、いったん話し合いを中断してもらいます。

「はーい、皆さん、いかがでしたか？　これが〈お困りごと解決会議〉です。〈お困りごと〉を話した一番手の方、どうでしょう。少しは解決に近づきましたか？」と、ここでようやく、グループで話し合った内容について聞く時間をとります。するとグループから「少数点のずらし方のコツを○○さんが教えてくれた」とか「人生において、なんで算数をやっておいたほうがいいのかを、こんこんと説教された」とか、結果報告があがってきました。たった五分で、こんなに具体的なアドバイスを得たのかと、驚くものもたくさんあります。

「ね、こうやって、困っていることを他の人に聞いてもらって、一緒に考えてもらうと、算数が苦手な人も、なんとか前に進んでいけるかもしれないね。では、この調子で二番手の人の〈お困りごと〉も解決していきましょう！」と言って、二番手、三番手の人の時間へ。最後の四番手の

人の〈お困りごと〉を話し合ったところで、

「はい、〈お困りごと解決会議〉、いかがだったでしょうか？　今回は算数の授業でこれをやりましたが、次の時間には、国語や体育や友達づくりの〈お困りごと〉を話してもいいんですよ。今日、皆さんが見せてくれたような、お互いの困っていることを、みんなで解決していく姿勢があれば、どんな困難も乗り越えられるクラスになるかもしれませんね。今日の授業はここまでです」

と言って、授業を終えました。

＊

授業のあと、この小学校の教員研修も兼ねて、同じように〈教師としてのお困りごと解決会議〉というのをやりました。これはこれで、実に多様な〈お困りごと〉が語られました。皆さんも、困っていることがあれば、一人で抱えていないで、ともに学校を運営する仲間たちに話して、一緒に乗り越えていけるといいですね。

3

8分間読書法

『生き方GET　BEST10』出版記念

先日、神戸国語教育研究会カプスというグループに呼ばれました。この研究会は、一九九七年に、ある予備校の現代文講師による「高校や予備校の垣根を払い、ともに国語教育について語り合う場をつくりませんか」という呼びかけに応じる形で発足したそうです。

以来、三〇名近い教育関係者が毎月のように集い、「生と死」「男と女」「心理・哲学」「文化」「環境」「国際化」などをテーマに、〈イキのいい教材〉を編成しようと活動を続けてきました。いくつもの高校で実践したなかで「この教材ははずれがない」「高校生がとてもよく反応した」といったものを『生き方GET』という冊子にまとめ、これまで四冊発行してきました。このたび、その四冊のなかからとりわけ手応えのある作品を一〇編選出し、現代文の副読本として『生き方GET　BEST10』を発行されたとのこと。

青木が呼ばれたのは、その出版記念会です。出版を記念して特別体験研修をしようということで、「教員のためのファシリテーション入門――アクティブ・ラーニングを成功させるために」というタイトルのワークショップをしてほしい、とのご依頼。ありがたい限りです。

講師依頼書とともに、できたての『生き方GET　BEST10』が自宅に届きました。表紙のかわいいイラストは、現役高校生が描いてくれたそうです。この冊子、僕は興奮のうちに一気に読んでしまいました。ヤクザやひきこもり、恋愛や男らしさ・女らしさなど、想像を超える内容。「こんな大人っぽい内容のものも教材になるんだ！」「大人が読んでもドキドキして、かつ学びが深い！」「宇多田ヒカルや千原ジュニアなど、みんなが知っている人が書いた歌詞や文章も登場して親しみやすい」と感じました。それぞれの文章の末尾に、生徒への問いかけが二つ三つ書いてあり、それをもとに授業を組み立てると面白そうです。

買い求めやすい価格で、素晴らしい冊子ですので、ぜひみなさんもお手元に。以下のＵＲＬから購入可能です。　http://www.kobe-copse.jp/?page_id=32

大人数で一冊の本を読み進める

当日、会場には五〇名近い参加者が集いました。大半が教師ですが、元教師や、予備校の先生、教科書出版社のスタッフや将来教員を志す学生さんなども入り交じっています。会の代表者からの挨拶のあと、青木にバトンタッチ。みなさん、できたての冊子を手にこちらを見つめています。

「みなさん、こんにちは。このたびは出版記念ということで、おめでとうございます。今日は、この素晴らしい『生き方GET　BEST10』を片手に、どうやったらアクティブ・ラーニングができるのかを一緒に探求していきたいと思います。僕が今日、みなさんに提示できるファシリテーションの手法として、〈8分間読書法〉というものをご紹介します」とスタート。

この〈8分間読書法〉は、ある読書会で「一人で読むには難しい本も、仲間と一緒に読み進めれば、解読できるはず！」と、取り組んだときに生まれた手法です。本来は、ある程度本を読み進めてから集まり、「読んでみてどうだった?」と語り合うのが読書会の通常のスタイルだと思うのですが、「ごめん、ちょっと事前に読む時間がなかった」という人が続出しました。そこで、「じゃあ、これからみんなで短時間でいいから一斉に読んでみようか」と始まったのが、〈8分間読書法〉です。当時、集まっていたメンバーが八人いたので、仮に8分という時間を設定してみたのですが、これがほどよい時間でした。

〈8分間読書法〉の進め方は、とっても簡単です。

①全員に本を配る（あるいは持ち寄る）：通常は同じ本を読み進める。アレンジとして、ばらばらの本を持っていても成立可能。

②8分間、読む：各自、それぞれの視点で自由に本を読む。はじめから読んでも、速読しても、「あとがき」や奥付から読んでもよい。目次を見て、面白そうなページから読むのもOK。それぞれのペースで、好きなように読む。

③8分間、語る：8分たったらベルを鳴らして、いったん本を閉じる。近くに座っている三～四人で一組になって、「今、私が読んだ限りでは、こんなことが書いてあった」「こんな感じだった」というのを共有する。

というものです。一番短いバージョンだと、8分と8分で16分で終わる読書法です。これくらいだと、忙しくても、ランチタイムや朝活などでも活用できそうでしょうか。

もう少し時間があったら、②と③をもう一度繰り返すのも有効です。そうすると30分くらい時間がかかりますが、「あ、さっきAさんが話していたページに来た！」という喜びや「そうか、Bさんの言ってたように特徴的な文体だな」という、自分以外の視点や感覚をもって、複眼的に一冊の本に迫ることが可能になります。さらにもう少し時間があるなら、次のステップもあります。

④8分間、「問い」を立てる：短い時間ではあるけれど、本を読んでみて、周りの人とおしゃべりをしてみて、ちょっと他の人に聞いてみたくなったこと、話し合ってみたくなったことを「問い」の形で表現する。例えば「この作者が伝えたいことって、どんなことだろう？」「文中に出てくる××って、どういう意味？」など、疑問点や話したいテーマを出して、A4判の紙にマジックで大きく書き出す。問いを完成させるまでの時間が8分。

⑤8分間×人数分、「問い」をもとに話し合う：出た問いをもとに、8分間ずつ話し合う。一人の問いに8分間なので、三人いれば24分間話し合うことになる。結論が出なくてもOK。それぞれが深めたいと思う問いについて、時間の限り話し合う。

以上が〈8分間読書法〉の進め方です。

例示を工夫する

今回は、出版記念の企画だったので、『生き方GET　BEST10』に関連した「問い」の例示

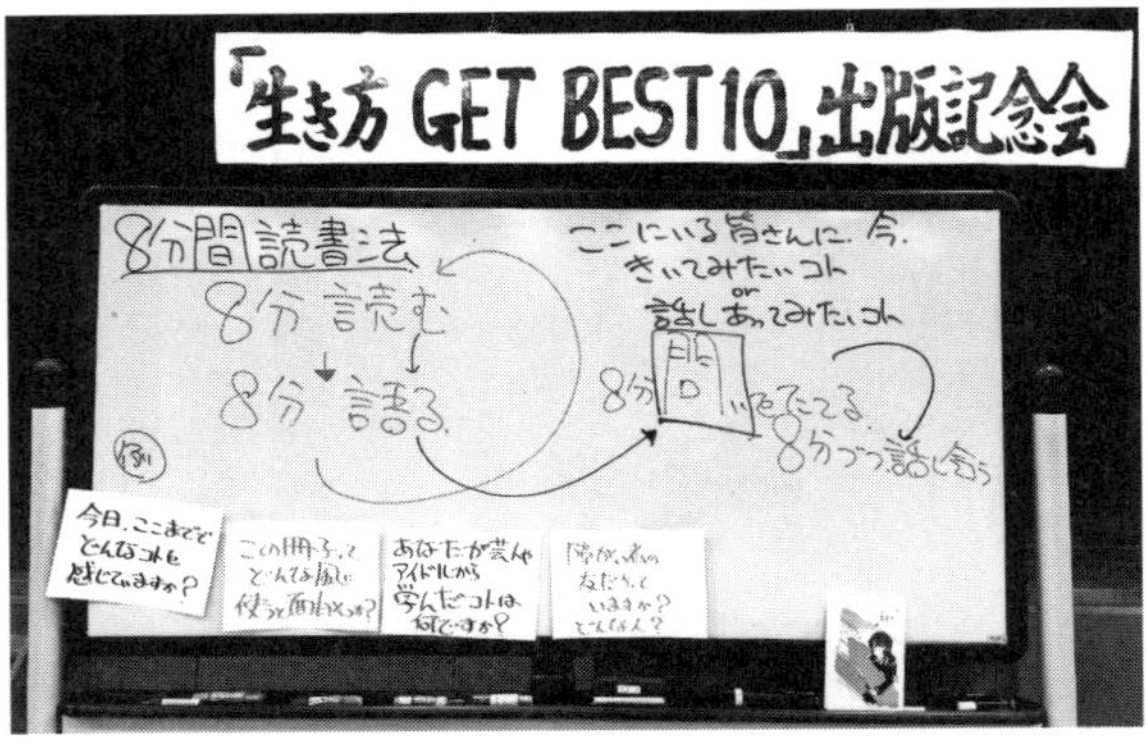

から始めました（写真）。例示の一つめは「障がい者の友だちっていますか？　どんな人？」です。これは、『生き方GET　BEST10』のなかに障がい者から人生の大きな衝撃を受けたという話があったからです。二つめは「あなたが芸人やアイドルから学んだコトは何ですか？」です。これは一〇の文章のうちの一つが千原ジュニアというお笑い芸人のもので、彼の中学生時代のひきこもりだった頃の話が印象的だったので、入れた例です。三つめは、「この冊子って、どんな風に使うと面白そうか？」で、本の内容ではなく、その使い方に視点を広げた「問い」の例になっています。そして四つめは、「今日、ここまででどんなコトを感じていますか？」というもの。本を離れて、今、ここにいるみなさんに聞いてみたいこと、話し合ってみたいことを入れています。

参加者に何か発言してもらったり、書いてもらったりするときには、こうやって例示をすることで「あー、こういう範囲のことを書いたらよいのだな」というのを伝えることができます。第3章②でもお伝えしたようにうまく例示することは、ファシリテーション・スキルの一つなのです。例示が優等生的だと、みなさんが書いてくるものもそのようになります。例示の幅が広いと、幅広い発言を受けることが可能になります。ほどよい幅と自由度で、うまい例示ができるといいですね。

次に、8分間で、みなさんに「問い」を一つ書いてもらいました。

ただ、見ていると、すぐに書いてしまう人もいれば、なかなかペンが進まない人もいます。ゆっくり吟味して考えたい人には8分はちょっと短いかもしれません。そこで、ここで15分のお茶休憩を入れることにしました。早く書き終えた人はゆっくり休むことができ、もうちょっと考えたい人にはゆとりを提供できる時間です。例示とともに、休憩の入れ方も、大事ですね。

言葉の説明より体験を重視

8分間と休憩時間を経て、全員が「問い」を書けたようなので、大きく輪になって集合してもらいました。まず五〇人の輪で、自分が書いた「問い」を読み上げてもらいます。次に、七人×七グループに分かれていただき、それぞれの「問い」に8分ずつ時間を使う、つまり56分間の話し合いの時間を持ちました。

それぞれのテーマについて、熱心に話し合う時間は、あっという間に過ぎていきます。

最近、ファシリテーションを学ぶ講座でも、「ファシリテーションとは？」という説明をしないことが多くあります。もちろん、質問されれば答えなくはないのですが、言葉で説明するより、それを実際に体験あるいは実感してもらうことのほうが重要ではないかと考えるからです。

終了後、何人かの方から質問を受け、無事に出版記念会を終了しました。現場の教員のみなさんにとって、よい刺激となっていればよいのですが……。第1章6でご紹介した、「後日談」を楽しみに待ちたいところです。

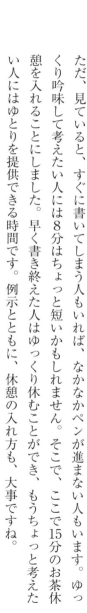

4 積極性を生むもの

積極性が……

ある小学校から、「教員研修でファシリテーションを教えてください」という依頼がありました。ちょうど六年生の学級活動で「六年生の役割とリーダーシップ」をテーマに話し合い活動をしたいそうなので、小学生への授業もお引き受けすることにしました。生まれて初めて、四五分間の学級活動の進行役を担当させていただくことになりました。何でもそうだと思いますが、初めてやることって、ドキドキしますね。緊張しつつも、いくつかの進行案を考えて、当日、小学校に向かいます。

六年生の担任の先生からは、「うちのクラスの子どもたちはおだやかで、いじめやトラブルも少なく、六年間一緒に過ごしてきただけあって、お互いをよく理解しています。授業中の発言は積極的で、個人的に依頼されたり指示されたことには責任を果たそうとします。ただ、指示されてないことや、『誰か、やっといてくれたらなぁ』ということに対しては、自ら動こうとする児童が少ないのです。間違いをおそれたり、一歩踏み出せない子も多いように感じます。六年生なのだから、低学年をまとめ、引っ張っていくポジションに立つ役目なのですが、リーダーシップを発揮できなかったり、なかなか行動に移せない子がいるので、なんとかしたいと思っています」というご依頼でした。

うーん、たった四五分で何ができるでしょう？　何を体験し、何を話し合うことで、積極性が出てくるのでしょう？　実に悩ましいオーダーです。そう考えると、小学校の教師のみなさんは、限られた時間で、きっちりと学びを積み上げる日々を重ねられているわけで、これはものすごい仕事をしているな、と思います。

小学校に着くと、元気のよい子どもたちが見知らぬ僕に、「こんにちは！」と元気よく挨拶してくれます。あー、いい感じの学校だなぁと感じながら校長室へ。校長先生からは、「この学校は、いじめやらモンスターペアレント対策やら、そういうことに頭を悩ませることなく、本業に集中できるいい状態です。こういうときにこそ、ファシリテーションを身につけて、学力向上に結びつけたいと思います」と念押しいただきました。そうか、ファシリテーションは「学力向上」のためなのか……と反芻しつつ、六年生が待つ教室に上がっていきました。

椅子だけを扇型に並べる会場レイアウト

「会場レイアウトに希望は？」と言われたので、椅子のみを教室前方に向かって扇型に二〜三列

■会場レイアウト　こんな感じでお願いします

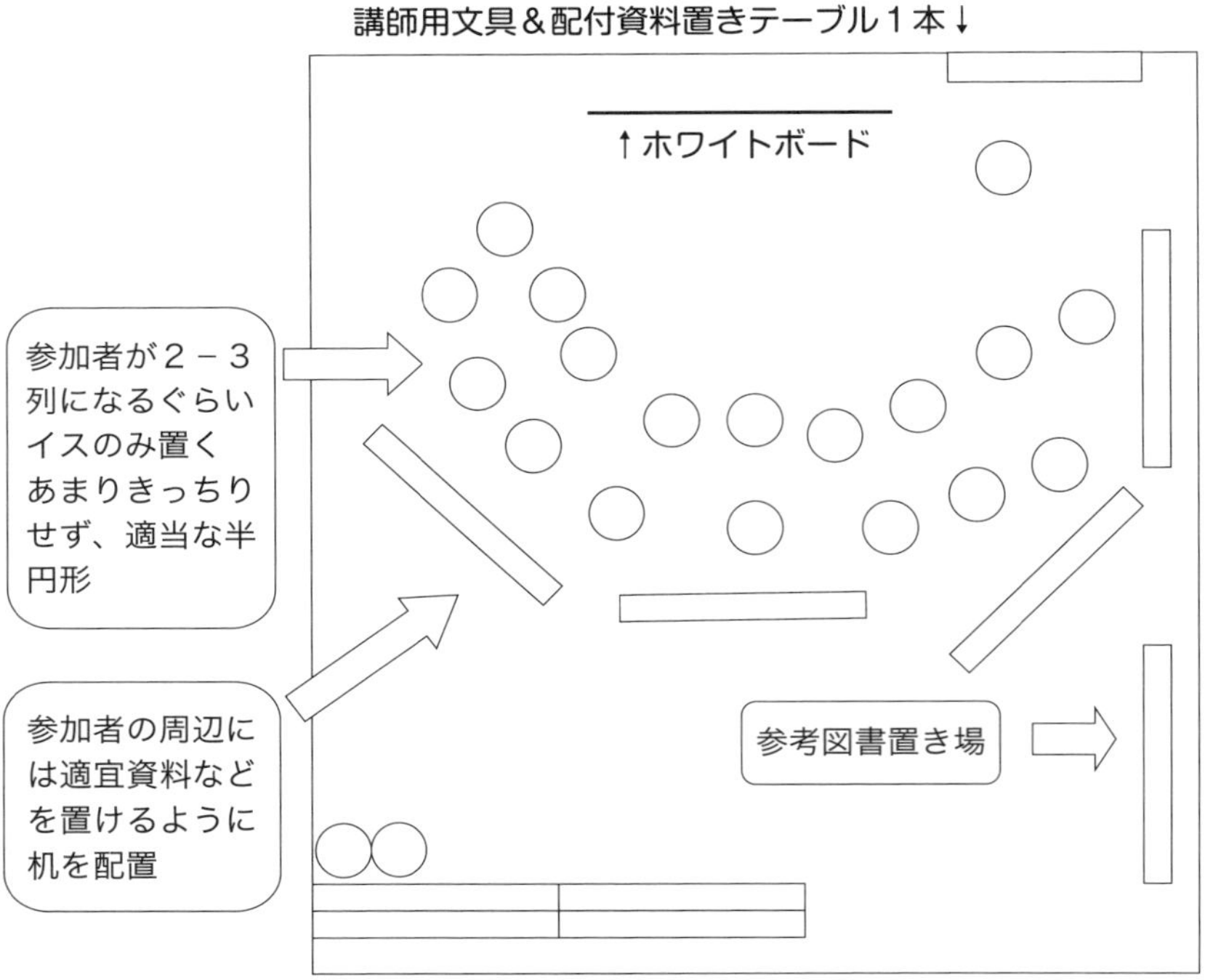

※窓があればカーテンやブラインドをあけて、なるべく明るく
※グループワークのときに出せるように長机を後方に
※皆が見えやすい位置に時計があると吉
※長時間の講座の場合、お茶コーナー、お菓子コーナーがあると大吉
※高台や演台は不要
※見学者がいる場合は、威圧的にならないよう、後のほうから見てください
※模造紙や、ポストイット、コピー用紙などは前方の文具机へ
※進行上、使用しないものも出てきますが、あらかじめご了承ください

に並べることと、全員分のクリップボードと白いＡ４コピー用紙一〇〇枚をお願いしました（用意していただいても、進行上、使用しないものも出てきます）。人数分の水性マジックなどは青木が持参してのぞみます。この会場配置は、僕が知りうる限りもっとも柔軟にあれこれできるレイアウトです。円形にもなれるし、椅子を両脇によけて広い空間をつくることもでき、クリップボードに挟んだ紙に絵や文字を書いてお互いに見せ合ったりもできる。すぐに三人組や五人組をつくることもできて、グループワークもしやすい配置で気に入っています。事前に会場レイアウトの図をお送りして、会場づくりを手伝っていただくこともあります。

会場が整ったところで、六年生三〇名が教室に入ってきました。みんな元気よく挨拶して着席。日直さんが、起立・礼の号令をかけます。礼に始まり、礼に終わる。素晴らしい瞬間です。「みなさん、今日は、スペシャルゲストで、青木先生に来ていただきました。みなさんの話し合い活動『六年生の役割とリーダーシップ』をお願いしています。それでは青木先生、どうぞ！」とバトンを渡していただきます。

「青木です。みなさん、こんにちは。ミーティング・ファシリテーターといって、いろいろな地域や会社に行って、そこの会議や話し合いの進行役をさせていただく仕事をしています。今日は小学校六年生のみなさんと話し合えるということで、楽しみです。どうぞよろしくお願いします」と挨拶。挨拶がスムーズだと、その後がスムーズです。

「質問や発言はいつでも歓迎ですので、何でも聞いたり、意見を言ってくださいね」と、この四五分間のお願いごとを伝えたのち、「じゃあ、さっそく話し合い活動に入っていきたいんですけど、まずはその準備運動をしましょうか」と起立を促しました。

「大人の会議でもそうですが、いきなり話し合うんじゃなくて、少し体を動かしたり声を出したり、準備運動みたいなのをすると会議が活発になります。全員、立って、椅子を両端に寄せて、ここを広い空間にしてください」

さささーっと全員が動いて、またたく間に広い空間ができました。

「まず、じゃんけんをしましょうかね」と言って、〈じゃんけんゲーム〉で体を動かします。それから、一重の円形になって、〈フラッシュ〉で手をたたいて一体感を高めます（これらのアイスブレイクのやり方は、拙著『リラックスと集中を一瞬でつくる　アイスブレイク ベスト50』ほんの森出版、参照）。

そのうえで、〈膝たたき〉をアレンジした〈ボール回し〉というアイスブレイクでタイムを計りました。これは、最初の人からボールを隣の人に手渡ししていき、一周するタイムを計るものです。一回目は、二二秒かかりました。ストップウォッチで計るのが、ポイントです。次に「これをなるべく速く回してもらえるかな？」と言って、「よーい、ドン！」で回します。すると一五秒ほどになりました。

「さぁ、これからが作戦会議、つまり話し合い活動の時間です。今、みんながちょっと速く回してみようと意識しただけで、ずいぶんタイムが短くなったけど、もっともっと速く回すにはどうしたらいいと思いますか？　近くにいる三人くらいで、作戦会議をしてみてください」

と促しました。

すると、いろんなアイデアがどんどん出てきます。「片手で回すとよい」とか「ワープで向こうに投げたらいい」など、子どもたちの発案は泉のように出てきます。まわりで見学している先生たちは、「こんなに活発に発言が出るものか」と見ています。

二つの道

それぞれの三人組から、いろんな作戦が提案されますが、大きく二つの道が示されました。「円形を小さくして速く回す」と「円形を広げて、体をダイナミックに動かすことで速く回す」というものです。どちらの主張も一理ありそうで、話し合いは、少し膠着状態を迎えることになりました。

すると、どこからか「両方、試してみたら？」という提案が出て、「そうだそうだ、まずは試してみよう」ということになりました。

まず、「円形を小さくして回す」というアイデアから試すことに。これはこれで、けっこうタイムが縮まります。しかし、狭い空間でやっているので、お互いの体がぶつかりあったりして、ある子どものところでボールが転げ落ちてしまいました。みんなが「えーっ！」と残念そうな声を上げます。

僕は、そこで少しだけ介入しました。「チーム一丸となって何かに取り組むとき、うまくいくこともあるけど、今みたいに失敗しちゃうこともあるよね。そんなとき、どんなふうに声をかけたらいいかな？」と聞いてみました。

するとある男子が、「ドンマイ、ドンマイ」と言いました。またある女子は、「あのね、今のやり方だと隣の子が受け取りにくいから、隣の子が受けようとしている手を見て、そこに渡すといいよ」と具体的なアドバイスをしました。

「こうやって、失敗したときの声のかけ方を変えるだけで、『えーっ!』っていう非難の声を上げるより、タイムが短くなるかもしれないね」と伝えて、「じゃあ、続きをどうぞ」とファシリテーターは引っ込みます。

何度かトライしたあと、もう一つの「円形を広げて、体をダイナミックに動かす」という案も試してみて、うまくタイムが伸びないことが判明しました。

「じゃあ、最後の作戦会議をしてね。これでラスト、本番にします」と言い残して、またファシリテーターは引っ込みます。すると、何人かがリーダーシップを発揮して、話し合いをまとめていました。

「そろそろ、本番いいかな? いくよ。よーい、ドン!」と始めると、一一秒二八という素晴らしいタイムをたたき出し、みんなで「やったー!」と言い合いました。

リーダーシップって?

「はい、みんな、ありがとう。そして、おめでとう。素晴らしいタイムでしたね。さて、今日の話し合い活動のテーマは、『六年生の役割とリーダーシップ』でしたね。今のタイムを縮める遊びのなかでも、リーダーシップが発揮されていましたよ。誰のどんな動きがリーダーシップだったと思いますか?」と問いかけ、「この問いに対して、三人組で話し合ってみましょう」と促したところ、これまたたくさんの発言が出ました。

「そう、リーダーシップって、そのときそのときで、どんどん生まれてくるものなんだ。みんなの状況を見て、今、必要なことをやる。意見を聞くときは聞き、言うときは言い、そしてまとめて、前に進める。クラスのなかでも、低学年と一緒のときでも、みんながもっと、今みたいなリーダーシップを発揮してゆけるといいかもね」

と伝えて、四五分の持ち時間が終了。最後に担任の先生から、まとめの言葉をいただいて、終わりになりました。

椅子の片づけ

六年生の授業が終わったあと、この教室では、教師向けにファシリテーションを学ぶ校内研修が実施されます。この時点で、教室には三五個ほどの椅子があるのですが、校内研修に必要な椅子は二〇個。一五個の椅子を片づけてほしいのですが、その指示を、担任の先生はこのように出しました。

「細かいことは言いません、誰が何をしなさい、とも言いません。この教室に、二〇個の椅子を残して、あとは片づけてクラスに戻ってもらっていいですか？」

すると、だれかれ言わず、みんな自分の頭で考えて動き、ある子どもは部屋に残った椅子を数え、ある子どもは不要な椅子を片づけるという姿がそこにありました。実に優れたリーダーシップを発揮していました。

「積極性を生み出すものとは何か？」を考えさせられるよい機会でした。

下校時に大雨が降って…

話し合い活動を終えると、急に大雨が降ってきました。夏の雨。入道雲がぐんぐん大きくなって、急に空が暗くなり、たたきつけるように降ってきました。

僕のスマホには、娘や息子が通う近所の小学校からの緊急メールが入ります。「強い通り雨が降ってきたので、下校時間を四五分遅らせます。保護者のみなさま、ご了解ください」とのこと。今時の学校は、こうやって全保護者にメール一本で緊急連絡ができるから、すごいものです。

でも、僕が話し合い活動を受け持ったこの小学校は、児童下校後に教員研修が予定されていたためか、下校時間を遅らせることはありませんでした。校内放送が流れ「雨が強くなってきてますので、注意して、まっすぐ家に帰ってください」というアナウンス。あわれ、子どもたちは大雨の中、さんざんに降られて帰宅するのでした。

「あぁ、これも、僕がこのあと教員のみなさんに行うファシリテーション研修のための悲劇か。ごめんな！」と、心の中で子どもたちにあやまりながらも、教員向けファシリテーション研修の準備を整えます。

ほんの三〇分ほどしか時間がないので、レイアウトはそのまま、いくつか「使う可能性のある備品」を整えなおします。クリップボード、マジック、スケッチブック、グループワーク用の机、投票用シール、模造紙などなど。

使わないかもしれないけれど、用意するもの

講座の主催者や会議の開催者に「どんな備品が必要ですか？」と聞かれて、いくつか文房具や紙類をお願いし、結局のところ使わないことがままあります。せっかく準備してもらうのに申し訳ないので「もしかしたら、使わないかもしれないけれど」と前置きするのですが、「青木さん、あの備品、用意したけれど、使いませんでしたね。予定が変わったのですか？」と聞かれることもけっこうあります。

僕の場合、例えば二時間のファシリテーションを請け負った際、「その二時間はどういう流れで進み、どういう道具を使うか？」について、ある程度のシミュレーションはするけれど、プログラムを確定させることは、ほぼありません。いわゆるフリーハンド。「その場で考えて、最も必要なことをする」というタイプのファシリテーターです。

ファシリテーターにはいろいろなタイプの人がいます。僕が若い頃、いろいろ教えてくれた先輩ファシリテーターは、分刻みの進行表をつくる方でした。その方はとても優秀で、何度も一緒に仕事をしましたが、その分刻みの進行表の精度はとても高く、ほぼ狂いなく進行なさるのを横で見ることができ、「これはすごい！」とあこがれたこともあります。何度もそういう進行表をつくってトライしてみるのですが、僕の場合、参加者を目の前にすると「もっとよい進行案」が次々浮かんできてしまい、結果的に、もともとあった進行表どおりにならないことが増えてきました。逆に、進行表どおりにやると、なんだか盛り上がらないというか、うまくいかない感覚があるの

です。「あぁ、これはファシリテーターのタイプの違いなんだ」と思い、それ以降、ほぼフリーハンドで場に向かうようになりました。

なので、文房具や紙や備品類は、いくつも用意するのですが、「使わない」というチョイスが常にあります。これは、登山ガイドさんがロープや応急セット、遭難時に使うサバイバルシートのようなものを、持っていくけれど、使わずじまいで下山することも多い、というタイプの準備かと思います。使わなければ、それはそれでOK。でも、準備はしておきたいものです。

「何か質問はありますか?」

ホワイトボードを見ると、子どもたちにアイスブレイクとして実施した〈ボール回し〉のタイムや、リーダーシップに関する説明書きが残っています。ちょっと考えて、それらは消さずにそのままで、教員向けファシリテーション講座に入ることにしました。参加する大半の教師は、僕が六年生の前で進行している様子を後ろのほうから見ています。ファシリテーションを伝える題材として使えるかもしれない（そして、使わないかもしれない）と考えたからです。

子どもたちを見送った教師たちが、次々と教室に入ってきました。めいめい、好きなところに座ってもらいます。急きょ、お茶コーナーが設置され、簡単な飲み物も出されました。それを飲んで、ひと心地。

「では、始めましょうか。先ほど、六年生のクラスでさせていただいたような雰囲気で、普段、国際会議から家族会議まで、さまざまな話し合い・打ち合わせ・ミーティング・会議などのシー

ンのファシリテーションをするのが、僕の仕事です。今日これからは、教師のみなさんのためのファシリテーション研修ということで、まずは、僕の動きをご覧になったみなさんから、質問や聞いてみたいこと、感想など、ありましたら、どうぞ」とスタート。

将棋などで「先手」と「後手」という言葉があります。これは、「駒をどちらが先に進めるか」という順番のことです。同様に、人が学ぶときに、まず、学習者のサイドから声を上げるのを「学習者・先手」とすると、僕の場合は、最近はこの手順をとることが多いです。教える側が伝えたいこと、言いたいことから始めると、学習者は「後手」となり、受け身になります。そうではなくて、学習者に主体的に学んでもらいたい場合、「先手」をとってもらいたい。そのためには、のっけから質問を受け付けるというスタイルは有効だと思います。

ただし、「何か質問ありますか?」というのが社交辞令のようになっていて、そう聞いた直後に「はい、ないですね」と勝手に次に進む指導者もけっこういるように思います。そこはもう少し丁寧に進めたくて（正確に表現すると、待ちたくて）、待つことで、必ず問いや疑問は出てくるものだと思います。

ほんの小咄がわりに、こんな話をすることがあります。

「よく大学とかでも講義をするのですが、『本日は○○について学びます。○○について、みなさんが知りたいこと、聞きたいことは、何ですか?』と、まず学生に問いかけるんです。で、手があがらなかったら、『では、本日は特に学びたいことがないようなので、これで講義を終わります。学習者が学びたいことがないのに、講義をすることもないでしょう』と言って、授業を終わらせたりするんですよ」

これは馬鹿話でもありますが、僕自身が「学習者・先手」を本気で望んでいるということを伝える本論でもあります。

「年収はいかほどですか?」

そうやって、しばらく黙っていると、一人の若い男性教師が手をあげました。

「あのー、青木さんはプロのファシリテーターとしてお仕事をしているとのことなのですが、年収はおいくらくらいなのでしょうか?」(会場一同・笑)

これが「学習者・先手」の価値ですね。こちらが話そうと思ってもいない角度から質問が来る。学習者サイドとしては「ファシリテーションの考え方や技術を学びたい」とは必ずしも思っていなかったりするわけです。それなのに指導者が、「では、ファシリテーションの考え方から説明します」とやっていくと、どうしても学習者は受け身になるわけです。もし、今巻で言われているアクティブ・ラーニングなどを本気でやりたければ、この質問を一蹴してしまうのは、ちょっと違うな、と思います。学習者は指導者の想定を超えてくるもの。その学習者の関心や意欲に寄り添って、学習プログラムをつくることができれば、とても面白いと思います。

この質問には、自分の仕事の通常の単価を伝え、年間何本くらい、こういう仕事をしているのかを説明し、「おおむね、そのかけ算した金額が、僕の年収です」とお伝えしました。すると、若い男性教師は「そうなんですか！　ありがとうございます」といたく合点したらしく、満足げでした。こうなってくると、「あー、ここは本当に何でも聞いてよい場なんだな」という認知が学習者の中に広がり、質問の嵐になります。

「ファシリテーターには資格制度のようなものがあるのでしょうか？　それともみなさん、特に資格など関係なしにやっているのでしょうか？」というのが次の質問でした。それには「はい、ファシリテーターの資格制度というのは特にありません。ある特定のプログラムに関して、その専門講習を受けて、その形のワークショップをしてもいいよという特定資格はありますが、一般的には必要なく、めいめいが勝手に名乗ってやってます」という答え。

さらには、「それでは、よいファシリテーターと、そうでないファシリテーターを見分けるにはどうしたらいいのでしょう？」という質問と「ファシリテーターとして、技量を上げていくために、どんなことをしているのですか？」という質問が飛んできました。ここで、ようやくファシリテーションの基本的な考え方や、その技術、習得方法などを話せる段階に来た、というふうに青木の場合は認識します。

同じ講義をするにせよ、学習者が「それを学びたい！」という気持ちになってからレクチャーするのと、その準備ができていない段階でレクチャーを聞かされるのとでは、吸収率も主体性も違います。主体性を育み、積極性を生むためには、「学習者・先手」が一つのカギなのではないかと、最近思っているのです。

ぜひ、みなさんの現場でも、「指導者・先手」ではなく「学習者・先手」を試みていただければ、と思います。

5 教員同士の学び合いの場をどうつくるか

校長先生からの電話

「青木さん、グループワークのファシリテーターって難しいですか？」

ある商業高校の校長先生から、こんな電話をいただきました。詳しく聞くと、「今度、商業高校の教員が集う研究集会で、グループ討議をしようとしていて、県内の若手教員七人にそのファシリテーターをしてもらいたいのだが……」という相談でした。なんでも、歴史ある研究集会で、毎年一回、県内の商業高校の先生たちが集い、授業報告や、研究発表、著名人の講演を聞いたりしているそうです。

僕は電話口で「高校の先生だったら、応用力もあるでしょうから、グループ討議くらい適当にやれるでしょう」と答えたのですが、「ぜひ事前のご指導と、当日の全体ファシリテーターをしてほしい」と熱意のこもったご依頼だったので、「では、研究集会をやる前に、みなさんに少しだけグループ討議のファシリテーションのコツでもお伝えましょうか」ということになりました。

うかがった会場は、とある商業高校。県内各地から集った若手教員たちが、「これから何が起きるんだろう」と、やや不安げにこちらを見ています。

「みなさん、こんにちは。ミーティング・ファシリテーターの青木将幸です。今回は、こちらの校長先生からのご依頼で、研究集会当日の全体ファシリテーションと本日の事前学習を担当させていただきます。また、当日の集会の企画概要や昨年までの様子なども、いろいろ教えてください。よろしくお願いします」と挨拶しました。

語られる不安と期待

校長先生から「みなさんで自己紹介を」と促されたので、それを引き取り、

「では、みなさん、お名前と、今日この場を始めるにあたっての、一人一言をお願いします。今日の事前学習で知りたいことでもいいですし、当日に向けて話し合いたいことでもいいですし、『よくわからない』とか、不安なことでもいいです」

と、いくつかのタイプの話題が出しやすいような例示をしながらのスタート。

すると、「××と申します。△高校で簿記を教えています。実は私、今回の研究集会、当日どうなるのか、よくわからないでいます」とか「グループ討議のファシリテーターをしないといけないようなのですが、うまくやれるか不安です」という声や、「ファシリテーションという言葉にもなじみがないので、基本的なことから知りたい」といったものが多く出ました。

○○年度研究集会日程案

9：30	受け付け開始
10：00	開会挨拶、来賓紹介
10：10	指導主事講話
10：30	休憩
10：45	**全体フォーラム 「これからの商業教育を考える」**
12：15	初任者自己紹介 （1分間スピーチ×8人）
12：30	昼休憩
13：30	講演会　○○先生
15：00	コーヒーブレイク
15：30	授業実践発表1
15：55	授業実践発表2
16：20	実践発表特別講義
16：45	閉会挨拶
17：30	懇親会
19：30	懇親会終了

中心的に企画にかかわっているメンバーからは、「今回の研究集会では、授業研究を聞いて終わりという従来の一方通行のスタイルではなく、参加型で、双方向性の高い時間になってほしい」とか「今年の研究集会では、商業教育がこれからどうあるといいのかについて、突っ込んで意見を交わし合いたい」という声も聞こえました。

研究集会当日の参加者は約七〇名。会場はホテルの広い会議室。全体の流れは、上の表のようです。どこの教員研究集会もおおむね、こんな感じなのでしょうか。全体的に一方的な講演や発表や講話が多い印象です。

どうやら、「九〇分間の全体フォーラムの時間をどうするか？」というのがポイントのようでした。従来は、ほぼ一方通行の講義のような時間になってしまっていたそうです。

七人で七〇人を見るということは、一グループ一〇名。なかなかハードな数です。グループ・サイズとしてはいちばん扱いにくいサイズだなぁと思い、先生方が不安をお持ちなのも無理はないと思いました。

そこで、「みなさんが、グループ討議のファシリテーターをやらないですむやり方では、どうでしょうか？」と提案してみました。

お困りごと解決会議（応用編）

第3章②でご紹介した〈お困りごと解決会議〉という方法があります。あのときは「算数に関するお困りごとを、小学生同士で解決しよう！」という取り組みだったのですが、これを応用して「商業高校の教員をやっていて、困っていること」を全参加者で出し合ってみよう、というデモ・ワークショップをさせていただきました。

すると、「どうやったら資格試験の合格率を上げられるのか？」「商業高校が普通科の高校より低く見られているのをどう打開できるか？」「商業高校の新しい呼び方を考えてみると？」「うちの職員室で仕事のじゃまなくらいのおしゃべりをしてくる人がいるが、どうしたらいいか？」「教師集団が一丸となってことにあたるために必要なことは？」「どうやったら制服をおしゃれなものに改革できるか？」などなど、興味深いテーマが次々と出てきます。

それらを全員分読み上げてもらったあと、四〜五人で一グループをつくり、話し合いのしやすい椅子配置で座るように伝えました。

「これより、お困りごと解決会議を開催します。今出していただいた一人一人のお困りごとを解決する会議です。まずはジャンケンをして、一番バッターの議題を決めましょう」と言って、ジャンケンをしてもらいます。

「このやり方のルールは二つ。一つ目は、議題を出した人の左隣の人が記録メモをとることです。とったメモは、あとで議題を出した人にプレゼントしてあげてくださいね。二つ目は、一議題一〇分で回していこうと思うのですが、その一〇分は、『議題を出した人のお悩みごと解決に全力を尽くす！』ということです。たかだか一〇分ですが、グループの全員が協力してくれたら、それなりのアイデアや解決策が見えてくるものです。もし、みなさんが一〇分間、一番バッターの議題に集中をしたら、お返しに自分の番が回ってきたときに、他の方も全力で力を貸してくれます。こうやって一緒になって、その人のお悩み解決を考えるというのが、この手法のミソです」と強調します。

「では、これより一番目の議題をスタートします。ここにあるメモ用紙やポストイット、マジック類は自由に使っていただいてOKです。それではよろしいでしょうか？　用意スタート！」と言って、一回目の一〇分間を始めます。

一回目は、みなさん初めてで慣れていないので、よく様子を見るようにします。ぎこちない感じで始まりますが、たいていのグループは数分たてば、もう議題に集中し始めます。全体ファシリテーターは、会場の様子を見て、足りない文具を補ったり、空調を整えたりするだけでOK。

タイマーが一〇分を知らせると、

「はい、ありがとうございます。一回目の一〇分が終了です。いかがだったでしょうか？　一〇分は短いですが、集中すればけっこう話せますね。なかにはもう解決しちゃった悩みもあるかもしれません。では次の方の一〇分を始めましょう。時計回りで、記録係も交替して、はい、用意スタート！」

と次の展開を促します。

二回目からはみなさんが慣れてくるので、どんどん時間管理をして、人数分を終えるまでやります。このときは四人のグループと五人のグループが混在していたので、一〇分×五セットやることにしました。

四人しかいないグループには、最後の一〇分間を「この手法で、当日七〇名とお困りごと解決会議をしたら、どんなふうになるだろうか？」を討議してもらいました。すると「これまでの一方通行の研究集会と違って、実際の商業高校のみなさんのリアルな悩みを語れていい」とか「普通同じ高校の人が固まって座ってしまうので、席をばらばらにしたほうがいい話し合いができそう」、あるいは「七〇人分のお困りごとと解決策を集めて、コピーして冊子にしても面白いかも！」というアイデアも出てきました。

当日までの準備が肝心

当日の研究集会は、この「お困りごと解決会議」をベースに、七〇人の交流と意見交換ができる様式で進めることになりました。必要な備品は人数分のクリップボードとＡ４判のコピー用紙。通常のホテルだと円卓のテーブルや布のかかった会議テーブルが用意されますが、それらをとっぱらって、椅子のみの扇形のレイアウトで会場をつくることに決めました。まだ冬場なのでコート置き場や、カバン置きテーブルなども用意して、身軽に移動できるように会場を整えるのがポイントです。若手商業高校の職員さんたちはファシリテーションに関する本を読んだりして、当日、補佐的なファシリテーターとして動いてくださったようです。

6 将来、何になりたい？

ダンプの運転手！

「ねぇ、大きくなったら何になりたい？」と聞くと、みなさんのまわりの子どもたちは、何と答えるでしょうか？

うちの息子は、つい先日まで「警視庁の特殊捜査班」と答えていましたが、いまは「丼屋さん」とのこと（食事のときに、すべての食材をご飯の上にのっけて食べるのがマイブーム）。そのちょっと前は「保育園の先生」だったのですが、その時々で、自分が目指したい将来像というのは変化していきます。

上の娘は、こないだまで「絵描きになりたい」と言ってましたが、最近は、「建築をやってみたい」と言います。

かくいう僕は、子どものころ、「将来何になりたい？」と聞かれて「ダンプの運転手！」と答えた記憶があります。近所の同級生の父親がダンプの運転手で、運転中に見た日本中のいろんな景色や出会った人について、楽しく話してくれたことを思い出します。また、ダンプの運転手の前は、たしか「飛行機のパイロット」だったはずです。でもこれは、視力が足りない僕にはなれないことが判明して、早々にあきらめた夢でした。

結果として、僕はダンプの運転手にもパイロットにもならなかったのですが、今、ファシリテーターという仕事につき、どのご近所さんよりもたくさん飛行機や高速バスに乗って、日本中をかけまわり、たくさんの風景や人に出会う仕事についているのですから、不思議なものです。

どんな美容師になりたい？

友人で、働き方研究家の西村佳哲さんという人がいます。書籍『自分の仕事をつくる』（晶文社）などでも知られている彼は、僕の大切なファシリテーター仲間でもあります。ある日、「将来、美容師になりたい」と語った若者に対して、

「どんな美容師になりたいの？」

と質問したそうです。

日本には美容師さんが星の数ほどいて、そのなかで、どういう感じの美容師でありたいのか。あるいは、その若者が知っている職業で「美容師」と言っているが、「人とどんなかかわりをするような仕事につきたいのか」を問う質問です。

「髪を切っている間、お客さんがケラケラ笑って、楽しく過ごせるような美容師になりたい！」

というのと、「どんな人でも道行く人が振り向くような奇抜なヘア・スタイルを提案できるカリスマ美容師になりたい！」というのとでは、だいぶ方向性が違うように思います。

もしかすると前者だとカウンセラーだったり、コメディアンも向いているかもしれません。後者だとスタイリストのような職種に進んだり、ファッション・コーディネーターのような仕事についたほうが、結果としてその若者がやりたい仕事に近いかもしれない。今知っている職業の種類で、とりあえず「美容師」と言っているけれど、その人が本当に働きたい姿が、どのようなものなのかを照らすステキな「問い」だと思います。

ファシリテーターが持っている役目の一つに「問いをつくる」というのがあります。どう問うのかで、答えようも変わってくるわけです。

「大きくなったら、何になりたい？」と聞いて、返って来た答えに「どんな○○になりたいと思う？」と聞くと、その子どもの志や夢を、より深く聞かせてもらえそうな気がします。

日本一の○○であれ！

これは、知り合いの教師が教えてくれたお話。その方は小学校の教員で、三月、その学年が終わるときに、必ずこの話をするそうです。

「みんな、一年間、ありがとう。先生からの最後のお話です。

これまでも話してきたことだけれど、みなさんには日本一を目指してほしいと思います。どんな職業についてもかまいません。スポーツ選手でも、ビジネスマンでも、大学教授でも、ラーメン屋さんでもいいです。あるいは主婦として、母ちゃんになる人もいるでしょう。みなさんが、どんな道に歩もうとも、その分野で、ぜひ日本一になってほしいと思います。どの世界も競争が厳しかったり、大変だったりします。でも『自分は、これをまかされたら日本一だ！』と言える何かを見つけて、目指してやっていってほしいと思います。だから、〈日本一、楽しいおしゃべりができる営業マン〉でもいいし、〈日本一、胃に優しいスープのラーメン屋さん〉でもいいし、〈日本一、子どもとめいっぱい遊ぶ母ちゃん〉でもいいです。何か一つ、自分が打ち込めるものを持って、そこで勝負しようじゃないか。

先生は、『自分は、これをまかされたら日本一』と言える人を、日本で一番たくさん育てた先生を目指したいと思います。一年間、本当にありがとう」

僕自身は、この先生に担任を持ってもらったわけではないのですが、まるで、一年間、この先生にお世話になったような気持ちになる教えでした。仕事で迷ったときや、くじけそうなときは、この話を思い出して、「自分なりの道を邁進しよう！」と思いなおせるお言葉です。

世の中には、いろいろなタイプのステキなファシリテーター型教師がいると思いますが、おそらくこの方も、そのお一人ではないかと感じます。

逆質問

こんなやりとりを息子としていたら、「じゃあ、お父さんは、大きくなったら何になりたいの？」と逆質問をくらいました。「お、お、お、大きくなったら？　うーん、そうだねぇ」と考えて「魔法使いか、ヨーダになりたい」と言うと、「スター・ウォーズじゃだめ！」と現実世界に引き戻されます。「うーん、そうだなぁ……」としばらく考えて、「お父さんは、おまえが丼屋さんをするなら、そのお手伝いをするのもいいな」と答えました。子どもが夢を叶えるときに、もし一緒に働けたりするのであれば、それも面白い人生です。

さて、教室にいる子どもたちに、「将来、何になりたい？」と聞いたのち、「じゃあ、先生は？」と問い返されたら、あなたはどう答えるでしょうか？　どんな教師でいたいのか、あるいは教師の次にやってみたいことは何なのか？　質問が自分に返ってきたときにどう答えるか考えておくのも、また楽しや、ですね。

課題図書を出す

昔、ある教師が夏休みの課題図書を発表したそうです。読書感想文を書きましょう、という例のやつ。通常、課題図書は、一種類あるいは数種類を提示すると思うのですが、その教師は、なんとクラス全員の一人一人に異なる偉人の伝記を手渡しました。「将来、絵描きになりたいと言っていた○○さんにはゴッホの伝記を、将来、野球選手になりたいと言っていた△△くんにはベーブ・ルースの伝記を」と、それぞれの夢や将来像に近いもの、あるいはその参考になりそうな歴史上の人物を選んで、手渡したと聞いています。また、場合によっては、まったく分野が異なるけど主人公と性格の近い人物を選んだり、その分野はまったく気にかけてないだろうという人物をあえて選んであったそうです。

それらの伝記が、子どもたちの人生に響いたかどうかはわかりませんが、少なくとも担任の先生が、そういうまなざしで自分たちのことを一人一人大切に見ていてくれているんだ、ということは伝わったのではないでしょうか。

ある先輩のファシリテーターが教えてくれた心構えに、「ファシリテーターは、全体を俯瞰し、個別を凝視せよ」というのがあります。教室にいる全員、全体の様子をつかみつつ、個別、一人一人の発言や、状態、関心事項に心を寄せておこう、という意味だと思います。

僕はまだまだ、この両者のような達人の領域にはいたっていませんが、出会う人、一人一人に「将来、どうなっていたい？」を聞きながら、一緒に前に進んでいけるお手伝いが少しでもできれば、と思っています。

もしも、あらゆる心配事がなかったら……

「杞憂」という言葉を初めて知ったとき、「あぁ、自分のことだなぁ」と思い当たる節がありました。起きるかどうかわからないことを、あれこれと心配してしまう癖が、僕にはあります。あるファシリテーターが教えてくれた、問いかけで、こんなのがあります。

「想像してください。もしも、あらゆる心配事がなかったら、あなたはどんな一日を過ごしていたいですか？　どんな場所で、誰と、何をして過ごしているのが理想でしょうか？」

しばらく考える時間をとったのち、「そのような、一日を過ごせますように」と、静かにお辞儀をしてくれました。

将来のことを質問するときに「どうせ自分には××の才能がないし…」とか「お母さんが反対するかもしれないから…」と、心配事が先に立ってしまい、本当に自分が願っているイメージを描けないことは、ままあります。そんなとき「もしも、あらゆる心配事がなかったら……」という枕詞を置くだけで、視界が開けていくかもしれません。

ぜひみなさんも、「将来、どうなりたい?」を、いろんな角度で工夫して、聞いてみたり、考えてみていただきたいと思います。みなさんの問いかけが、誰かの人生の扉を開くきっかけになると、僕は信じます。

第4章

ファシリテーターとしての成長のヒント

1 うまくいかなかったことから学ぶ
松木正さんの「火のワーク」

松木正さんの「火のワーク」

この節では、僕が尊敬するファシリテーター、松木正さんをご紹介したいと思います。松木さんは、アメリカのネイティブ・アメリカンであるラコタ族の居留区におけるYMCAのコミュニティ活動にかかわりながら、現地の伝統儀式を学び、その継承を許された数少ない日本人の一人です。現在は、ネイティブ・アメリカンから学んだ儀式や独自の環境教育プログラムを実施して、日本国内の学校現場や青少年教育などにもかかわっています。

あるとき、小学校の先生に「松木さんは、外部の指導者として一日とか二日のかかわりだから、いいですね。僕たち教師は一年を通してこの子たちを見ていかないといけないんです」と言われたことがあるそうです。そのとき松木さんは、「いやいや、僕は、一日とか二日の出会いだったとしても、その後、一生、その子とかかわる覚悟でやっていますよ。実際、プログラムでかかわった子から後日、人生相談を受けたり、学校に行けない悩みを聞いたり、長期にわたってサポートすることもたくさんあります」と答えられたそうです。松木さんのかかわり方は、とても深く、丁寧です。

松木さんのワークは長い人生の中で活かせる学びが豊富ですが、なかでも「火のワーク」は特別だと聞き、僕が住む淡路島で、二日間にわたるそのワークを実施してもらったことがあります。

「火のワーク」一日目

「火のワーク」は、森の中での歩き方を習うところから始まります。野生動物がどうやって森の中を移動しているのかを知り、そのとおりに歩いてみると、新しい世界が発見できます。それから、めいめい「これはよく燃えそうだ」と思える、薪にする木々を持ち帰り、一メートル四方くらいのトタン板の上で、それぞれがその木々を組んでいきます。

２日目の朝、火口の説明をする松木正さん

このワークのミッションは、「人の胸から背丈くらいの高さに張った麻紐を、自分が組んだ薪とマッチ三本のみで、焼き切ること」にあります。

いきなり太い木ばかりを組むと、マッチから木に火が燃え移りません。太い木に火をつけようと思ったら、それより細い木に火をつける必要があります。細い木に火をつけようと思ったら、さらに細い糸のような細枝に火をつける必要があります。そして、細枝に火をつけようと思ったら、火口《ほくち》と呼ばれるよく枯れた葉っぱやススキの穂のようなものにマッチから火を移すのがコツです。森の中にある素材だけで、しっかりと火のリレーができ大きな炎となるように、選び、組み立てることが肝心です。

慎重に薪を選び、組み直し、「よし、これでいける！」と思った人から、マッチを擦って火をつけていきますが、なかなか麻紐を焼き切ることは難しく、うまくいかない人が続出します。見た目は立派だけど、火がついたとたんに組んだ薪が崩れてしまった人、はじめは調子がよいけれど、今一つパワー不足で麻紐を焦がすのみに終わる人、薪を詰め込みすぎて空気が入らず、ぜんぜん火が燃え移らないように組んでしまう人、かわいいデザインだけれども、ちっとも炎にならない人など、様々です。結局、参加した二〇名のうち、一九名は麻紐を焼き切ることはできず、悔しく初日を終えました。

初日の晩ご飯を終え、夜は松木さんからネイティブ・アメリカンの神話を聞き、床に就きます。

「火のワーク」二日目

一日目の薪が燃える様子は「これまでのあなたの人生を象徴している」と松木さんは言います。そして、二日目の薪が燃える様子は「これからのあなたの人生を象徴する」とも。なるほどと深くうなずき、より神妙な顔で、森に向かう参加者。あいにく、空模様は悪く、しとしと雨が降ってきました。

松木さんは言います。「仮に一週間雨が振り続いていたとしても、森の中で乾いた薪を手に入れることは可能です。よく観察してみましょう」。みな、それぞれの思いで森に入り、人生の探求に入ります。手にした木々のぬくもりや乾燥具合を確認し、納得のいくものだけを選び抜きます。

降りしきる雨の中、参加者のチャレンジは続く
麻紐を焼き切れるか？

前日に悔しい思いをした、配慮が足りなかった木々の組み方にも工夫を重ねます。降りしきる雨の中、自分の体をおおいかぶせるように火口を守り、なんとかマッチを擦ります。もう一度、人生をやり直すくらいの気持ちで、真剣に取り組む参加者。

それでも、夕方のワーク終了の時刻までに麻紐を焼き切ることができたのは一九名中、たったの三名のみでした。参加した二〇名のうち、一六名は二度のチャレンジにもかかわらず、麻紐を焼き切ることはできませんでした。

みな、言葉少なく、雨に打たれています。なかには、二度目のチャレンジもうまくいかず、泣いている参加者もいました。焼け落ちた自分の薪を呆然と見つめ、動かない人もいます。きっと悔しかったのだろうと推察します。あるいは、自分の人生のあるシーンを思い起こしているかのような時間でした。

さて、みなさんが指導者だったら、こういうとき、つまり「体験をうまく成功できなかったとき」、どのように参加者に接するでしょうか？　例えば、運動会のチーム対抗リレーで敗北したとき、その子どもたちにどのように声をかけているでしょうか？　入賞しようと張り切ってがんばって練習した合唱コンクールで、無念にも入賞できなかったとき、どのようにそのことを振り返っているでしょうか？

うまくいかなかったことから学ぶ

私たちが何かしらの体験を提供する場合、「こうやるとうまくいくよ」という方法を教え、成功に導きがちです。でも松木さんは、あえてそれを必要以上にしませんでした。指導の仕方を変えれば、おそらく二〇名が二〇名とも麻紐を焼き切るようにもできたと思います。が、松木さんの主眼はおそらくそこになかったのだろうと推察します。

自分で考え、自分で選んで、よく観察して、自分で組み立てて、そして失敗したとしても、自分のこととして振り返る。そして、責めたりせず、批評するわけでもなく、ただ、そばにいる。人は、困難だった経験や失敗、うまくいかなかったこと、悔しかったことから深く学ぶのだと、僕は気づきました。

私たち指導者やファシリテーターが、ついつい「うまくいく方法」を教えてしまうのは、どうしてなのでしょうか？　参加者自身が、失敗したり、悔しい思いをしたほうが「より深く学べる」と知りながら、「成功させてあげたいと願うのは、指導者側のエゴなのだろうか？」と、考えたりもします。

僕は、松木さんの「火のワーク」を体験して以降、参加者が何かしらの体験で「あ、失敗しそうだな」と思ったときも、あまり口を挟まなくなりました。自分の経験として「しっかりと失敗をする」、そして「その上で学ぶ」というプロセスを大切にしたいと思うようになったからです。

ただし、失敗しただけだと、そこから学べない可能性もありますので、横にいて「そこから、何を学んだ？」と聞くようにしています。どのような失敗であっても、そこから学べることがあれば、十分な収穫を得ることができると思います。長い人生、失敗する機会や、挫折を味わうこともあるだろうと思います。大きな失敗からも、きちんと教訓を学びとれるような「学び方」を共有できれば幸せです。

キューブラー＝ロスに学ぶ

僕が尊敬するもう一人のファシリテーターに、エリザベス・キューブラー＝ロスという精神科医がいます。この方は、すでに亡くなられた方ですが、『死ぬ瞬間』というベストセラーを残しました。その中でキューブラー＝ロスは、人々が死をどのように受け入れるのかについて、「死の受容プロセス」という考え方を提唱しました。彼女は、晩年、エイズ患者たちのための「死と再生のワークショップ」などを実施することになり、私たちファシリテーターにとっても貴重な学びを提供してくれています（彼女に影響を受けて、僕は友人と一緒に、毎年、「生と死の共育ワークショップ」を実施しているほどです）。

そんな彼女は、著書の中で、こういう言葉も残しています。「生は過酷だ。生は苦闘だ。生は学校に通うようなものだ。幾多のレッスンを課せられる。学べば学ぶほど、課題はむずかしくなる」

と。彼女自身が、放火で家を焼かれてしまい、思い出の写真などもすべて焼かれてしまった後、その事実を受け入れ、「教訓を学んだとき、苦痛は消え失せる」とも書いています。

なんだかちょっと重たい感じになりましたが、肝心なことは「失敗や、悔しかったことから、何を学ぶか？」というところではないかと思います。みなさんの周りの方々が、何か大きな失敗をしたり、敗北したり、悔しい思いをしたときには、ともにそれを受容し、「そこから何を学んだか？」を問い、整え、人生における貴重な教訓を見いだすことができますように。

2

バランスをとろう

球体の上に立つ

先日、子どもの発達支援をしている専門家集団の会議進行をさせていただいたときのことです。この方たちのもとには、発達障がいのある子どもとその親たちが全国から毎日のように訪れ、「遊び」やカウンセリングを通して、それぞれに合った発達を支援しています。

そのときは三泊四日の会議進行だったのですが、会場となった広い畳の部屋には、直径六〇cmくらいのバランスボールがいくつか転がっていました。会議中や休憩時間に、みんなが代わる代わるそのボールに座ったり寝転がって背筋を伸ばしたりしています。僕もそれに体を預けてみると、柔らかくて、とっても気持ちいいのです！

ある参加者が、バランスボールの上に立とうとしていました。まずボールの上で四つん這いになり、それからおもむろにカエル座りをして、そっと立ちます。すると、不思議なことに、球体の上に人が立っているではありませんか！　とっても満足そうにしばらく立って、余裕にもジャンプなどをかませた後、その方は、ボールから降りてきました。「あー、気持ちよかった！」と。

次の休憩時間、僕はまっさきにボールに近づき、その上に立ってみようと試みました。しかし、なかなかうまくいきません。ぷるぷる足が震えて、四つん這いさえ難しい感じ。手すりにつかまり、ようやくボールの上に立ったのですが、右に揺れ左に揺れて、何度も転落してしまいました。

見かねたある参加者が、「会議続きで疲れてもきたので、少し体をほぐしましょうか？」と、普段、発達障がいのある子どもやその親たちとやっている簡単な体操（自己整体のようなもの）を紹介してくれました。それを行うと、すーっと体が整う感じがあります。「今なら立てるかも」と思って、ボールに乗ってみると、なんと、すっと立てたのです！　手すりを離しても数十秒間、立っていることができました。一度、バランスをつかむと、確かにジャンプをしても大丈夫。とても不思議で、気持ちのよい感覚でした。

みなさんもぜひ、バランスボールの上にどうやったら立てるか、試みてください。何度もずり落ちるプロセスで、実にいろんな発見があります。

バランスをとろう

僕が本業である会議のファシリテーションをする最中に常に気をつけていることは、「バランスをとる」ということです。イメージは、次のページに紹介した図形。道教のシンボルマークでもある「太極図」です。万物は、陰と陽によってつくられている、という考え方を表しています。

バランスをとろう！

主	従
前向き 「そう、そう」	後ろ向き 「でもね」
未来のこと 対策を考案する 外部の視点	過去のこと 問題点を追求する 内部の視点
発言する人 元気な人 優位な人 強者	発言してない人 元気がない人 劣勢な人 弱者
体を動かす 理論的になる 効率的 有用	頭で考える 感情的になる 非効率的 無用
盛り上がる スピード 集中する 真面目にやる トップダウン	落ち着く スロー 息を抜く 笑いながらやる ボトムアップ

例えば、会議中に特定の人だけが発言している状態は、「うまくバランスがとれていない」状態です。なので、その方以外の人に発言を振ります。すると、「おっ、なんかいい感じになってきたな」と、僕を含め、会議に参加している人みんなが感じるような状態に近づきます。

あるいは、「昔はこうだった」「前にやってみたけれど、無理だった」というような、過去に関

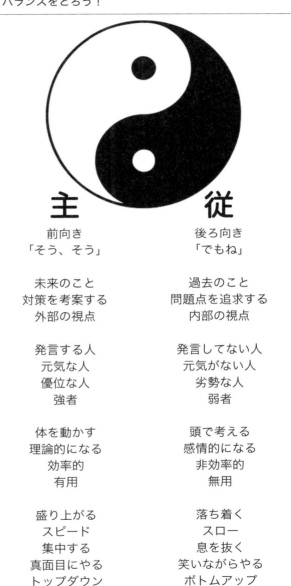

する発言ばかりが出て、どうにも前向きにならない状態に陥ることがあります。そういうときは、「じゃあ、これから、どうしていきたいかを話しましょうか」と水を向けると、「そうそう、その話がしたかったよ」と、会議室全体が活き活きするようにもなります。

また、ずーっと真面目に議論していて、だんだん煮詰まってきた時間帯に、誰かがとっても面白い発言をして、どっと笑いが入ることがあります。それをきっかけに、少しユーモラスな意見が出始めたり、新しい解決策が生まれることも、よくあります。これは「真面目」と「笑い」のバランスがとれた状態と言えます。

僕がファシリテーターとして見ているのは、「今、どっちに偏重しているのかな?」という点です。バランスボールの上に気持ちよく立つことができるのは、前後左右にほどよくバランスがとれているときです。片方に偏重していると、うまく立てない、という理屈です。

図形の下には、普段、僕が会議のファシリテーションをしているときに、どういう視点でバランスをとっているかが書いてあります。これらのうちのいくつかは、会議のファシリテーションのみならず、活き活きとした学びの場をつくる上でも役立つのではないでしょうか。

逆転の構図にあるとき、人は能動的になる

先日、僕の娘が通っている小学校の学習発表会に行ってきました。それぞれの学年が、クラス一丸となって、演劇やミュージカルなどを発表しています。

なかでも六年生の発表は秀逸で、この一年間で教わったことを一五分間の寸劇にして、保護者

や他の学年の児童たちにわかりやすく教えてくれました。そのなかで、「ばらばら漢字クイズ」という難しい問題が出され、「会場のみなさん、わかりますかー？」と呼びかけられました。なかなかの難問で、誰も手を挙げられません。「では、昨年担任してくださった××先生」と、壇上にいた司会の女子が指名しました。指名された先生は「えっ？」と驚いた様子でしたが、おずおずと壇上に上がり、「わかりません」と答えました。すると、壇上の六年生たちが、「先生、こうやって考えたらいいんだよ」「こういう漢字になるんだよ」と、活き活きと教え始めたのです。このとき、漢字が嫌いだったり苦手だったりする子どもたちも、活き活きと学んでいたのではないかと感じました。

学校での学びにおいても、偏っているある部分のバランスを整えると、急に活き活きとした学びの場になることがあるかと思います。普段の「教師が教える」という関係性を「子どもが教える番になる」としてみることで、活き活きするかもしれません。頭を使って知識と情報と理論を学習している流れのなかで、「じゃあ、ここまで学んだことを、体育館で、実物大模型をつくって体で体感してみよう」とすることで、学びが深まることもあるでしょう。

僕が尊敬する教師は、「耳と口のバランスをとりましょうね」と言ってから、話し合い活動に入るようにしていました。

「普段、よくおしゃべりをしたり、話し合いで発言したりする人は、たくさん口を使っていますので、これからの時間は、特に耳を使って、よく人の話を聴いてみましょう。逆に、普段、人のお話をよく聴いて、おとなしくしている人は、もうちょっと口を使って、自分の思っていることや考えを話してみましょう」

などと促していて、実に功を奏しているのを見たことがあります。

教師自身のバランスを整える

僕がバランスボールの上に立てるようになったのは、前後左右の体重バランスを整えるだけではなく、自分自身の体や心を整える自己整体のような体操の時間があったからです。

よく、「ファシリテーターとして、もっとも重要な準備は何ですか？」という質問を受けるのですが、必ず「自分自身を整えること」と答えます。睡眠時間を十分にとり、栄養のある食事をとることが、僕には不可欠です。また、釣りやサーフィンや読書など、自分の好きなことに打ち込む時間や、長い人生で成し遂げたいことを確認して、それを一歩ずつ進める時間もとても大事です。家族や近所の人たちと楽しい時間を過ごしたり、故郷の両親や親族を気遣う時間を持ったりと、自分が気になることを、ちゃんとやれていること。これが、僕流の自分のバランスを整える方法です。自分自身が整っていて、よいバランス状態にあると、会議室や教室のなかのバランスをつぶさに見てとれるようになります。そして、そのバランスを調整するためにも、自分自身が整っていて身軽に動けることが肝心。

ぜひ、みなさんも、自分自身を大切にする時間を十分にとってほしいと思います。体を休め、おいしいものを食べ、自分の好きなことに打ち込む時間や、自分の人生で本当にやりたいことに向き合える時間を可能な限りとってほしいと思います。そして、心身ともに元気な姿で、学習者とともに学んでいきたいものです。

３ 難から難へ

東洋の教え方

これはあるお坊さんに教わったお話です。

「青木くん、西洋の教え方と、東洋の教え方って、何が違うか、わかる？」

うまく答えられないけれど、なんだか面白そうな問いかけです。

ハリウッド映画に出てくる東洋の老師の姿が頭に浮かびました。粗末な着物を着て、意味深な言葉を発し、それでいてものすごい体の動きで、若い西洋人が目を見開いて弟子入りする、というイメージが出てきました。僕がもそもそと頭のなかで考えていると、そのお坊さんはこう教えてくれました。

「あのね、基本的に西洋の教え方は〝易から難へ〟。つまり、簡単なことから理解させて、だんだん難しいことを教えていく。ステップアップさせていくんだね。これに対して、東洋の教え方は〝難から難へ〟。子どもだろうが、初心者だろうが気にせずに、難しいことをいきなりボン！と与えて、『これを読みなさい』『これをやりなさい』とやるんだね」

例えば、日本でも昔は「いろはにほへと」といった平仮名から教えるのではなく、いきなり漢文から入ることがありました。まだ何もわからない子どもを正座させて、教本を前に置きます。

子曰。
学而時習之。不亦説乎。
有朋自遠方来。不亦楽乎。

と書いてある。これを読めという。ふり仮名もふっていないのです。

師匠や先輩たちが「しいわく、まなびてときにこれをならう。またよろこばしからずや」と読む。それにならって、子どもたちが声を合わせて「しいわく……」と続けていきます。

言葉の意味や、読み方の解説、返り点の理解にも触れず、誰がこれを言ったのかなどの周辺情報もここでは教えません。まずは〝難〟を与え、それを何度も読み上げ、覚えろというのです。

子どもは記憶力がよいので、覚えなくはないでしょう。が、自然に疑問がわいてきます。「何度も読まされているこれって、どういう意味だろう？」と。

ここがポイントです。

ある日、突然、そのことの意味がわかるようになったりするのです。あるタイミングで、師匠が言葉の意味や由来を話してくれたり、先輩が「こういう意味だよ」と教えてくれたり、あるいは自分で調べ物をしていて、はっとわかったりする。すると、すとんと、そのことがその人に入るのです。「おー！　そうだったのか！」と。

これが東洋の教え方の特徴なんだそうです。いきなり難しい壁に直面させる。ステップアップじゃなくて、ジャンプアップと言えばいいでしょうか。

おそらく、お坊さんがお経を覚えるのも、一字一句解説してもらって覚えていくのではなく、何度も何度も意味もわからず読み上げながら、ある日「そうか！」と理解できていくのでしょう。

いきなり難を与える

このお話を伺って、昔の僕なら「そんなのは学習者のレベルに合っていない」とか「高圧的だ」と言って反発していたかもしれません。でも最近は、「そうだよなぁ」とうなずけることも増えてきました。よかれと思ってレベルを下げて、やさしいこと、簡単なことから教えていくのもいいけれど、「え？　何それ？」という難解なものや、理解不能なことから入ったほうが、飛躍的に学べることもあるんだな、と思えてきたのです。

自分が義務教育で教わったことで覚えていることをふりかえってみても、「何度も読み上げて、とにかく記憶しなさい」と言われた古文・漢文は、いまだにすらすらと出てきたりする……。不思議なものです。

ステップアップも大事ですが、ジャンプアップの学びをデザインするのも、悪くないのではないかと思うようになったのです。

僕がファシリテーションの技法を教えるときにも、「誰でもできますから、まずこのステップから始めましょう」とやるよりも、「誰でもできるかどうかわからないけれど、まぁまず、自分流でやってみましょう。はい、実習です」と、さしてイロハも教えず、いきなり実践する場を与えることが増えてきました。そして、その実践のなかで起きた現象を丁寧に見て、「なぜ今、こうなったのか?」をふりかえりながら、ファシリテーションのエッセンスに触れていくようなスタイルに変わってきています。

教える側としては、いきなり〝難〟を与えるスタイルは、ちょっと勇気がいります。「わかってもらえなかったら、どうしよう」とか「興味をもってもらえなかったら、困るかな」といった、教える側の「おそれ」があるかもしれません。でも、思い切ってやってみると、ステップアップの学び方では得られなかったような反応があったりして、けっこうよいものでした。

山伏修行

この話と共通していると感じるのは、僕が趣味でやっている山伏修行です。いわゆる法螺貝を持って、白装束で山に入り、野山を駆ける、あの修行。四年ほど前から取り組んでいるのですが、実に面白いです。

山伏修行の特徴はいくつかあるのですが、最大の特徴は「問答無用」というルールです。例えば、先達《せんだつ》(山伏の世界のお師匠さん)が「これより滝行に入る」と言われたら、「なんでそんなことするんですか?」という質問をしてはいけない。何か言われたら、ただちに「うけたもう」という返事をしなくてはいけません。「先達のすべての指示に対して『うけたもう』と答えよ」というルールです。いわゆる強制的な場づくりがなされています。

私語も禁止。前もってのスケジュール説明や行程確認などもありません。初めて山伏修行に来た人は、この「問答無用」のルールに、非常に戸惑います。しかし、数日間、その場に心静かに身を置くと、実にたくさんのことを発見することになります。

先達は一切のレクチャーをしません。先達は、行動が始まるときに法螺貝を吹き、（たとえそれが夜中の二時であろうとも）眠い目をこすって全員が集合したら、「これより夜間とそう行を始める」などと宣言し、「うけたもう」の返事が聞こえたら、さっさと山に向かって歩き出します。その後の指示もほとんどなく、修行者たちは、先達の動きをよく見て、そのとおりにやるのです。

無駄な言葉を一切発さず、自然のなかを歩き回り、各場所でお経のような、祝詞のようなものをあげ（その文言についても一切のレクチャーはありません）、七日間、あるいは短くても三日間の修行期間を終えたころには、身も心もスッキリしています。自分の何が至らないかも、自分のなかで問答を繰り返しているので、自分で気がつく、という体験をすることになります。

食事もきわめて簡素です。半膳の白いご飯と、具のない味噌汁、タクワンが二切れのみで、一週間過ごします。

しかも、食事はゆっくりとはできず、開始と同時にがっついて食べ（あとから聞いたら、餓鬼道の修行とのことです）、ほぼ一分以内にすべての食事を終え、二分以内に食器も食事板も片づけ、ほうきで修行場の清掃をすませる、という恐ろしいスピードで進みます。「え、え、どうして？」と戸惑う初心者が、必死になってご飯を喉の奥に押し込み、目を白黒させながら食事をかき込むさまは、まさに〝難〟。苦難の時間、さすが「修行」です。

そして、そういう〝難〟を終えて、娑婆に戻るときに、ふだんの暮らしの暖かさ、食事のありがたさ、家族がいることへの感謝が、泉のようにわき出てくるのです。そういう修行の時間は、現代人にとって、まさに今、意味があるものかもしれません。

学びのデザインとして

僕自身もファシリテーターとして、これまでさまざまなワークショップや学びの場、会議の流れなどのデザインを手がけてきましたが、山伏修行の進め方は、きわめて斬新でした。

通常ありそうな自己紹介や、「いつでも質問や発言をしてくださいね」という雰囲気づくりも、「このあとの流れを解説しますね」という懇切丁寧な進行説明も、ないのです。しかし、参加者の体験は深く、自己紹介こそないものの、それがないからこそなのか、「あー、この人は、本当に親切な人なんだな」といった類いの相互理解・相互交流をする機会は十分にありました。そして、個々の学びを持ち帰るに十分な内省の時間がありました。

おそらく、これが東洋的な学びのデザインであろうと思うのです。

皆さんの教育現場でも、〝難から難へ〟を学びのデザインの一つとして取り入れてみてはいかがでしょう。

4 「書けません」にどう対応するか

小さな島の教員研修

瀬戸内海にはたくさんの島があります。僕が住む淡路島のように大きな島（人口一四万人超！）は例外的で、多くが人口数百人から数千人規模の小さな島です。小さな島の学校を維持することは難しく、統廃合の波が押し寄せていますが、現場の先生方は、とても頑張っています。通勤が大変だったり、暮らしが不便であるにもかかわらず、情熱をもって少人数学級を運営している先生が大半です。

先日、教員研修のお手伝いをしたのは、小学校と中学校が隣接している小さな島でした。小学校の全生徒は一五人足らず、中学校は一〇人に満たない小規模校ですが、熱意のある校長先生からのたっての依頼で、ファシリテーション研修にうかがいました。小中合わせて二〇名の教員に参加していただきました。

船着き場に着くと、校長先生が出迎えてくださいました。前任校で顔見知りだったこともあり、家族の近況や学校の様子などを雑談しながら学校へ。聞けば、台風の影響で、先生方は全員、島から帰宅することができず、二泊も校内や近くの宿舎に泊まったとのこと。「お疲れのところ、恐縮だな」と内心思いつつ、「だからこそ有意義な時間になるようにしっかりやろう」と気持ちを込めます。

学校を案内していただくと、子どもの数に対してとても広く、のびのび学べそうです。廊下の壁には子どもたちの自由研究の結果や絵や標語が並び、地域活動の写真などを見ても、地域密着で活発な学校運営ができているようです。四時限目と五時限目は研究授業で、それぞれ小学校と中学校の理科の先生が授業を行い、六時限目の時間に僕が教員研修を行う、というスケジュールでした。

授業拝見

研究授業を拝見するのは初めてのことで、新鮮でした。授業参観のときに見るのと、またちょっと違う感じですね。一人の教師が教壇に立ち、授業をする。生徒は四人、後ろにずらっと校長、教頭、教員のみなさんが一五人ほど見学するなかで、僕も混じっているという異様な光景。「これは緊張するだろうなぁ」という僕の心配をよそに、ベテランの二人の先生は、まるで授業を楽しむように進めていきます。中学校の理科の授業は、水溶液の実験をし、小学校の理科の授業は、空気圧の実験をしていました。

いずれの先生方も、これまでの授業で学んできたことと、今回の授業で学ぶことのブリッジ（橋渡し）を丁寧に行い、今回の授業のねらいを明確に伝え、緊張をほぐして楽しく時間内に学ぶ、ということをやってのけ、「やっぱりベテラン教員はすごいな！」と僕は驚きました。子どもたちへのちょっとした声かけや、説明の仕方、間違ったときの訂正の仕方など、ファシリテーションを行う上でも大変に参考になる良例で、僕はお二人の教員に深く敬意を表したいと感じました。

「さすが！　先生すごいなぁ！」というのが率直な感想です。拍手をしたい！　子どもの数が少なくても、豊かに子どもたちの発言を引き出し、学びを深めていく姿が頼もしい限りでした。

暗転

校長先生からは、「今回、青木さんをお招きして、ファシリテーションの研修をしてもらおうと思ったのには、いくつか理由があります。職員会議をしてもなかなか意見が出なかったり、研究授業のあとの感想を話し合っても『別に、よかったんじゃないですか』といったコメントしか出ず、実のあるやりとりができてないので、なんとかしたいんです」というお話をうかがっていました。なので、僕は、今回のお二人の研究授業を受けて、「どんな感想を持ったか」「お二人から学べることは何か」を交わし合う時間にしようと考えました。

お二人の授業が素晴らしいものだったので、きっとたくさんの意見が出るだろうと思い、僕は意気揚々と研修を始めました。

「みなさん、こんにちは！　ファシリテーターの青木将幸と申します。本日の教員研修を担当させていただきます。台風で二泊してお疲れのところ、恐縮ですが、さっそく始めましょう」とスタート。第1章①でご紹介した「質問・発言、いつでも歓迎」を掲げます。

そして、「では、まず、お手元のクリップボードにA4の白紙が三枚ほど入っていると思いますので、ご確認ください。会議や話し合いのやり方にはいろいろありますが、今回は、まずこの用紙の真ん中に、縦に一本線を引いていただきますでしょうか。そして、左上にニコちゃんマーク、右上にびっくりマークを書いてほしいと思います」とお願いしました。

すると、皆、すらすらと書いてくださったのですが、一人の男の先生だけが、筆記用具も持たず、だらっとこちらを見ています。「書いていただけますでしょうか?」と聞くと、ぶつぶつ言って、しぶしぶ書いてくださいました。どうしたのかな、と気になりました。

続いて、「先ほど、お二人の先生が素晴らしい研究授業を見せてくださいました。この研修では、それを題材に、少し話し合ってみたいと思います。先ほどの授業を拝見して、『ここがよかった』と思えるポイントを、線を引いた紙の左側のゾーン、ニコちゃんマークのゾーンですね、こちらに書いてください。逆に右側のゾーン、びっくりマークのほうですね、こちらには『自分だったらこう進めているかも』とか『こんなやり方もありかも』という自分なりの提案を書いていただきたいと思います。では、どうぞ」と促しました。

すると、先ほどの男性教員が「あのー、私、書けません」と言います。「どうしたのでしょうか?　先ほどの授業を見ていなかったのでしょうか?」とうかがうと、

「授業は拝見しました。でも、あれは理科の授業です。私は体育の教師なので、専門外のことはわかりません。専門が違うので、先ほどのお二人の先生の授業から、学ぶこともないですし、自

分ならどう進めるかと言われても見当がつかないです。私には学ぶことがありませんでした」と、怒ったように言います。会場全体の目が、その後の僕の一挙手一投足に集中しました。

どう対応する？

「そうですか。書けないですか」と受け取りつつ、僕も少し頭に血が上ったのでしょう、「先ほど授業をしてくださったA先生やB先生から、何も学ぶことがない、ということでしょうか？」と聞き返してしまいました。ちょっとやり込める感じになってしまったかな、と後ほど反省したシーンです。「いや、そういうことを言いたいわけじゃないけど、僕は体育が専門なので、体育の授業を見せていただけたら、いくらでも言いたいことがあるんだけど……」と不服そうです。

ある友人のファシリテーターが「たとえ困った参加者が現れても、そちらに引っ張られることなく、進めるのがよい」と言っていたことが思い出されます。

「そうですか。では、まぁ、書けることがあれば、お願いします」と流し、ほかの参加者の様子を見ます。すると二〇名いる参加者のうち、その男性教員を除く全員が、両サイドにもろもろ書き込んでいます。その男性教員は「お前ら、何を書くことがあるんだ？」とちゃちゃを入れます。隣の若手の男性教員が「例えば、こういうこととか、とても参考になりましたよ」と言うと、「そんなことは教師として、できて当たり前のことだ」と大きな声を出します。

さて、みなさんだったら、こういう場面を、どう切り抜けるでしょうか？

結局のところ、その声に僕は応えず、友人ファシリテーターの助言どおり、ワークを前に進めました。なぜなら、ここで引っ張られて全体をストップさせてしまうと、残りの一九人の学ぶ時間を奪ってしまうからです。

「では、三人組を組んで、どんなことを書いたか、話し合ってみてください。それから全体で討議をしましょう」と進めました。六つのグループから、それぞれの授業のよかった点と、もっと工夫できる点を出してもらい、それらをおさらいすると三〇以上の意見が出そろいました。

「今回出た、よかった点は、違う教科を行うにせよ、参考になるものも多いですね。例えば『上手に子どもたちの考え方を引き出していた』とか『前の授業と今回の授業のつながりをわかりやすくおさらいしていた』『子どもたちの緊張をほぐすための工夫がよかった』など、貴重な例を見せてくださったお二人の先生に感謝したいと思います」

僕はこう言った上で、この一時間でどうやって話し合いを進めてきたかを解説しました。

「話し合いをする前に、まず各自で書く時間をとると、それぞれの意見が整理され、口べたな人も自分の意見を言える準備ができますので、ぜひおすすめです。今回は体育の先生にとって書きにくい設問だったようで、ごめんなさい」と謝りました。また、「大人数でいきなり話し合うより三〜四人の小グループで話し合うほうが言いやすいです。大人数と少人数を行き来する工夫を取り入れるといいと思います」と解説しました。そして最後に、「発言を板書しましょう。発言してくれた人の言葉を書くことで、それは、『あなたの発言は大切ですよ』と受け取ったことになります。安心して次の発言も出てくるので、ぜひ書いてみてください」と伝えました。

短い時間で、スリルもあり、そして実体験もあり、かつコンパクトな講義もできたので、研修としてはよかったように思いますが、その男性教員の気持ちが気になります。「普段の研修でもなかなか体育にフォーカスを当ててもらえなくて、疎外されている感じがあるのだろうか?」「台風の影響の二泊でイライラしていただけなのだろうか?」などと悶々と考えながら、帰宅した一日でした。

みなさんだったら、どう対応するでしょうか?　ぜひまたお聞かせください。

5

〝無能な教師〟はよい教師？

マスター・ヨーダ

「あなたにとって理想の指導者像は？」と聞かれたら、どのようにお答えになるでしょうか。

こんな教師でありたい、こんなふうな指導ができる人でありたいというイメージを持ち、それらを語り合うのは、それぞれが目指すものを意見交換できるという意味でも興味深いところです。

僕にとって、理想の指導者は、映画『スター・ウォーズ』に登場するマスター・ヨーダです。緑色の皺だらけの肌の小柄な老人です。

地味で、冷静で、思慮深く、めったに戦わないが、ひとたびライトセーバーを手にすると右に出る者はいないという高い実力。仲間たちの今後を見据えて、今なすべきことを行い、若手を育て続ける姿は、単に映画のキャラクターという存在を超えて、僕自身の「在り方」に変容をもたらすほどです。

ご紹介したいヨーダのセリフはここに書ききれないほどあるのですが、そのなかでも有名なのは、

「やるか、やらないかだ。試す、などない」

というものや、

「何が必要かは、自分がわかっているはずじゃ」

『スター・ウォーズ』（プリクエル・トリロジー DVD-BOX）
20世紀フォックス・ホーム・エンターテイメント・ジャパン

というのも。加えて、

「我々がしがみついている真実なんてものは、物の見方しだいなんじゃ」

というのもあります。

出しゃばらず、控えめにかかわりながらも、若き弟子たちを育てていくための短い格言を発するマスター・ヨーダ。僕の目指す指導者像の筆頭です。

ミヤギ老人

加えて、もう一人、理想の指導者像を挙げるとすれば、またしても映画の登場人物なのですが、『ベスト・キッド』に登場するミヤギ老人。

母の仕事の都合で引っ越してきたダニエル少年は、地元の空手少年たちから猛烈ないじめを受けます。集団リンチのような状態を救ったのは、一見、みすぼらしいマンションの管理人・ミヤギ老人でした。ミヤギ老人は実は空手の達人で、ダニエル少年を弟子にとって、空手を教えると約束をします。しかし、ダニエル少年が言いつけられるのはペンキ塗りや車のワックスかけなど、一見、空手とはなんの関係もなさそうな雑用でした。それでも我慢して、雑用をこなすダニエル少年。すると、それら雑用の動きは、実は空手の攻撃や防御に通じる動きでもあり、知らず知らずのうちに上達している自分に気づきます。一対一で、毎日のように空手のトレーニングを積み、ついには、いじめていた少年たちを空手大会で打ち負かす、というお話。

一九八四年の映画で、今から三〇年も前のものですが、今もその輝きを放っています（二〇一〇年に、「空手」が「カンフー」になり、ジャッキー・チェンが出演してリメイクもされています）。

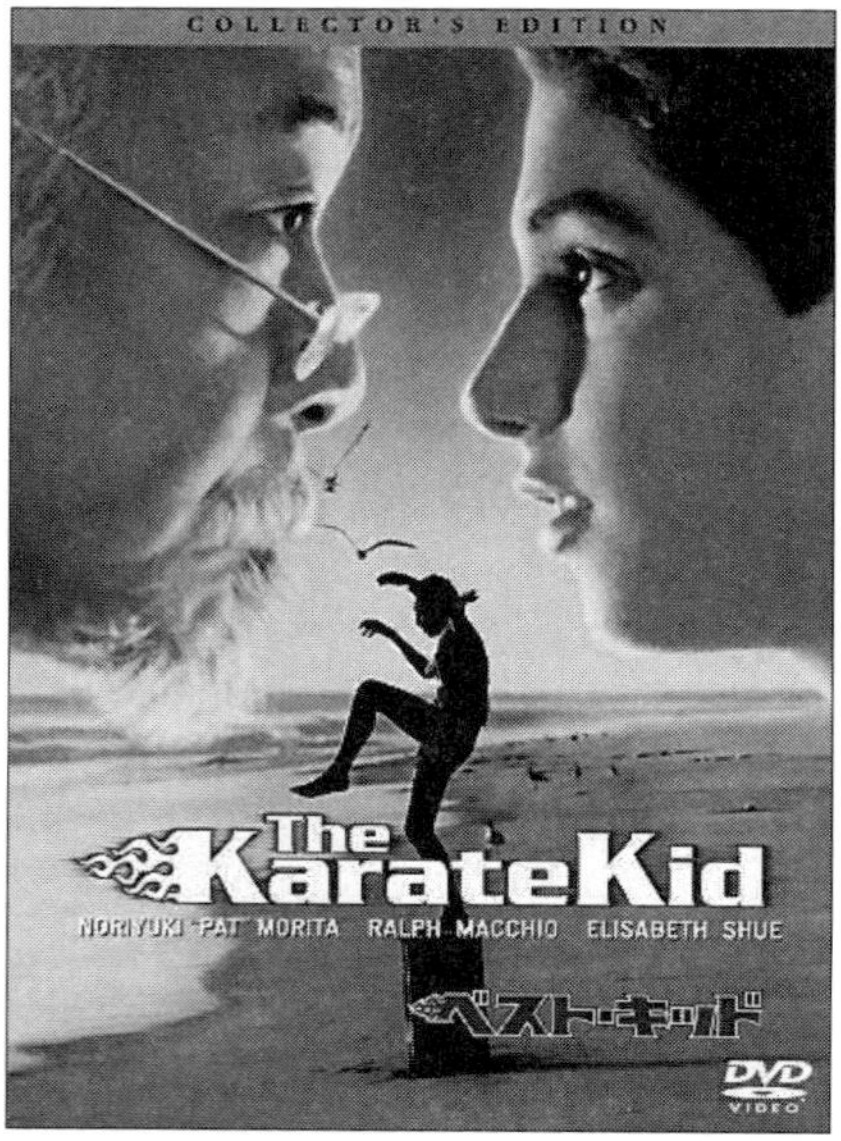

『ベスト・キッド』
ソニー・ピクチャーズエンタテインメント

ミヤギ老人の名言としては、卑怯で素行の悪い少年たちを評して、

「弟子が悪いんじゃない。師匠が悪いんだ」

というセリフが、秀逸です。教える側の責任を痛感します。また、

「ダニエルさん、集中。集中」

というのも、たびたび発せられるセリフです。集中のないところからは何も生まれないという真理を突いていると感じます。

二人の共通点は？

この二人の理想の指導者に共通するのは「一見、有能そうに見えない」ということです。「能ある鷹は爪を隠す」という諺がありますが、自分が持っている能力や力を、わざわざ見せつけず、逆にそれをおおい隠すように、服装や、普段の態度を控えめに、それでいて全体を見渡せる位置にいる。そういう指導者になりたいな、と、日々思います。

また、これは映画の脚本としての共通点だと思いますが、「どんな力も悪用してはいけない」というメッセージを発するのが、マスター・ヨーダやミヤギ老人の役回りではないかと思います。

『スター・ウォーズ』に出てくる不思議な力〝フォース〟も、相手を打ちのめすことができる空手の技も、「それをどのように扱うか?」を間違えると、よくないよ、ということを教えてくれる指導者なのです。

アメリカの教育者で牧師でもあったウィリアム・アーサー・ワードの名言で、

凡庸な教師はただしゃべる。
The mediocre teacher tells.
よい教師は説明する。
The good teacher explains.
すぐれた教師は自らやってみせる。
The superior teacher demonstrates.
そして、偉大な教師は心に火をつける。
The great teacher inspires.

というのがあります。

マスター・ヨーダも、ミヤギ老人も、若き弟子たちの心に、正しい灯火をともすような仕事をしているのだと思います。

有能なファシリテーターの弊害

私たちファシリテーターの分野には、「有能なファシリテーターの弊害」という話があります。有能なファシリテーターは、さまざまな手法を会得し、使いこなせます。参加する人たちからたくさんの発言を引き出すことができ、学びを深め、交流を促進し、議論をスムーズにまとめます。しかし、ファシリテーターが有能であればあるほど、参加者たちは「あのファシリテーターにやってもらったら楽だなぁ」と依存を始めます。ついには「あの人がいるからできるんだ。あの人がいなかったら、私たちはダメだ」というふうになっていく……、というお話。

よく、「いろんな発言が飛び出してきたとき、どうやってまとめてよいか、わからないんです」とか「私は、まとめるのが苦手なんですが、どうやったら上達できますか？」という質問を受けます。たしかに、まとめるというのはなかなかコツが必要で、難しいものです。

その質問には僕はよく、「自分がどうしても苦手だったら、無理しないほうがいいですよ」とお伝えします。

「ファシリテーター自身がまとめなくても、一緒にいる参加者たちに、『ねぇ、いろいろな発言が出てきたけれど、まとめると、どういう感じかな？』と問いかけるのもありですよ」と伝えることもあります。

そんなふうに問いかけると、参加者のなかの誰かが、「今までの発言をまとめると、大きくこういう意見と、こういう意見に分かれているんじゃないかと思います」と助け船を出してくれることがあります。このとき、ファシリテーターは、「まとめる」という意味で無能だったわけですが、結果的に、参加者の主体性を引き出している、とも言えます。

そういう意味で「無能なファシリテーターは、有能である」というふうにも考えられるわけです。これは教師に置き換えても、同じことが言えるのではないでしょうか。

実際に僕自身、たくさんのファシリテーションの手法や、アイスブレイクの種類を習得しましたが、そのうち、実際に現場で活用するのは、ごく一部です。なるべく、自分の持っている技を出さずに、シンプルに、無用な動きをせずかかわることが多くなりました。一見みすぼらしいマンションの管理人のようになりつつあるかもしれません。無能なファシリテーターを見て、参加者はどのように動くのでしょうか。

結果として、「これは、ファシリテーターがやったんじゃない。自分たちがやったんだ！」と言っていただけるのであれば、これ以上の喜びはない、と僕は思います。

6 師匠選びも芸の内

自分の親は選べないけれど…

　親子げんかの定番で、「誰がお腹痛めて産んで、育てたと思ってるのよ？」と親が言い、子が「あなたに産んで、育ててくれと頼んだ覚えはない！」なんて返すセリフがあります。生まれてくる子どもは、親を選ぶことはできません。たまたまそのお家に縁あって生まれ、育てられていくわけです。裕福な家もあれば、貧しい家もあるでしょう。教育熱心な母親だったり、ろくでなしの父親だったりするかもしれません。

　でも、成人し、自分の職業を持ち、その道を究めていく上で「師匠」を選ぶことは可能です。落語の世界では、「師匠選びも芸の内」という言葉もあり、どの師匠につくかを選ぶのは自分。そして、その師匠から教わるたくさんのことを自分の体に入れて、落語家人生を歩んでいくことになるのです。厳格な師匠を選んだのであれば、そういう道を歩み、破天荒な師匠を選んだのであれば、その弟子としての一生が待っているわけです。

親と同様、自分の上司も選べません。同じ職場にどんな同僚が配置されるかも、おそらく選べないでしょう。しかし、自分が「この人から学ぼう」とか「この人のやり方を参考にしよう」などというように、自分なりの〈お師匠さん〉を設定し、「勝手に弟子入り志願」をすることは可能かと思います。

直接その方に「弟子入りさせてください！」とお願いするのも手でしょう。いろいろ丁寧に指導してくれたり、相談にのってくれたり、的確なアドバイスをいただけるかもしれません。面と向かって言うことが困難な場合は、〈心の中で弟子入り〉をし、折につけ、その師匠の動きをちらりちらりと拝見し、技を盗んだり、立ち姿から学ぶことも可能かと思います。あるいはお目にかかってないけれど、著書を読んで感銘を受けたので「あの人は、私の心の中の師匠だ」と思うことも可能です。

「十人百回」

ファシリテーターという仕事においても、「一人前になるには、どうしたらいいですか？」という質問を受けることがあります。その返答として、僕はよく「『十人百回』ですね」と答えています。

まず、いろいろなタイプのファシリテーターに出会うこと。一〇人くらいの人のスタイルを見させていただいたり、体験するのがよいでしょう。なかには「こういう感じを目指したい」と思える先輩もいれば、「自分が目指すスタイルとは違うけど、とっても参考になるな」とか、「あぁはなりたくない」と思う先輩もいるかもしれません。いろいろな人のやり方を体験・体感することで「この人をお師匠さんにしたい！」と思う人を定め、今度は、その人の動きをよく見たり、その人のもとで教わったりするのです。それが「十人」。一〇人の異なるファシリテーターの姿を自分の中に宿す、と言ってもいいかもしれません。

それから「百回」です。これは、見たことや教わったことを、自分なりに心を込めて一〇〇回ほど実践する、ということです。一、二回の実践で会得できるほど、どの道も甘くはありません。一つのことに習熟しようと思ったら、自分なりに一〇〇回ほどチャレンジしてほしいものです。逆に言うと、一〇〇回もの現場を真剣に踏むことができれば、それは相当な腕前になっているはず。

そういうわけで、一人前になるには「十人百回」とお答えしています。

守・破・離

第４章①でご紹介した松木正さんは、間違いなく、僕にとっての「十人」のうちの一人です。お目にかかった回数こそ四、五回ほどしかありませんが、ネイティブ・アメリカンの儀式とディープな体験ワークショップの進め方に、「これぞ、本物のファシリテーターだ！」と感じるところが大きかったです。

もう一人、僕にとってのお師匠さんをご紹介したく思います。その方は、インド系アメリカ人のアミット・スリバスタバさんです。僕は大学二年生のとき、仲間たちと一緒にアメリカに渡り、あるトレーニング・ワークショップを受講しました。そのとき、生まれて初めて「ファシリテーター」というものを教わったのですが、アミットはその指導者でした。

自分がこれまでに見てきた教え方・進め方のどれとも違う参加型の学び・話し合いのシーンを体験し、とても感動しました。そして、直感的に「この仕事、日本でもできるのではないか？」と感じたことを覚えています。同行した仲間たちもやはり感銘を受け、帰国後、アミットが教えてくれたワークショップを日本語に翻訳して実施することになりました。

ところで、師匠からものを教わるときには三つのステップがある、と言われます。その三つとは、守《しゅ》・破《は》・離《り》です。

守……守る。お師匠さんの教えをきっちりと守り、言われたようにできるようになること。料理でいえば、きちんとしたレシピを料理教室で教わり、そのとおりに美味しくつくれるようになる、ということ。

これが第一ステップです。まずは、レシピどおり、師匠の教えどおりに行う。ときどき、教わってすぐに自分流にアレンジしたり、勝手にレシピにある一手間を飛ばしたりする人がいますが、それは「弟子入り」とは言えません。まずは、その師匠のやったとおり、言ったとおりに行うわけです。ある種の真似ですね。きっちり真似すること。

僕自身も、記録用に撮っておいたビデオテープを何度も見直して、アミットの身振りや手振り、表情にいたるまで完璧に再現できるくらいに、食い入るように見て、学び、真似をしました。なるべく忠実に日本語に翻訳し、それを日本の若者たちに届けるワークショップを展開したことを覚えています。

破……破る。お師匠さんの教えをきっちりと守り実行した上で、その構造や効用を理解し、分解できるようになり、自分なりの視点を加えられるようになること。料理でいうところの、レシピに自分なりのアレンジや工夫を加えて一品をつくれるようになる、ということ。

第二のステップは、教わった師匠の教えを「破る」という大変なステップです。もちろん、師匠に教わったとおりに「守る」という第一ステップができた上での話ですが、その上に行こうと思えば、自分なりの改良や工夫を行うことになります。アレンジしてみて「やっぱり師匠の教えは正しかった」と感じることもあれば、「よし、自分はこのやり方でいくぞ」となることもあります。

アミットから教わったワークショップを日本に展開したところ、日本人の若者たちにはちょっとわかりにくい点や、アメリカと日本の国民性や事情が大きく違う点が浮き彫りになってきました。そこで、アメリカに一緒に行った仲間たちと、アミットに教わったワークショップをベースに、日本版アレンジを加える作業を行っていったわけです。英単語を減らし、なるべく日本人がわかる事例を入れ、より実践的な内容に工夫していったことを覚えています。おかげさまで、この日本版ワークショップは好評を得て、その教材をたずさえて日本各地をまわったものです。

離……離れる。お師匠さんの教えから離れ、新しい流派や考え方を確立すること。料理でいうところの、自分なりの調理法を確立して公開したり、自分流の料理店をオープンさせること。

アメリカで教わったワークショップを日本版にし、日本国内で広げていく活動を五年ほど行ったのち、人生のいろいろな転機にあった僕は、ワークショップのスタイルを一変させることになりました。それまで、「ゴール」にもとづいてワークショップをデザインし、そのために必要な情報を参加者にインプットしたり、参加する人の気持ちを「こういう状態にもっていく」ための工夫を満載してきたのですが、それに対する大きな違和感がぬぐえず、「参加者を操作しない」方向へと大転換を行います。

青木将幸ファシリテーター事務所を立ち上げ、日本で初めてのプロ・会議ファシリテーターを名乗り、中立的な進行役として、自分の道を歩んでいくようになりました。師匠アミットの教えから離れたことで、自分の人生の一歩を大きく踏み出すことになったわけです。今でもアミットには感謝しているし、尊敬する気持ちはありますが、アミットはアミット、僕は僕の人生を歩んでいるように思います。

弟子をとる？

自分の事務所を立ち上げずいぶん時間が経ちました。かつて「若手のホープ」（笑）だった自分が、すでに「中堅」や「ベテラン」の領域に入ってきていることに戸惑いもあります。そして、何人かの若者が「弟子入りしたい！」と言ってくれるようにもなりました。

僕はまだ、正式に弟子をとったことがありません。友人の陶芸家が弟子をとり、三年きっちりそばに置いて育てあげ、先日、卒業のセレモニーがあったのですが、「そうやって、きっちり三年くらい面倒みてあげたら、しっかりと師匠の技を受け継げるのだろうな」と感心した次第。

僕と同様「勝手に弟子入り」してくれる若者はいるのですが、「本格的な弟子をとる」べきかどうか、もぞもぞと逡巡する日々です。

思えば、僕の優れた師匠たちは、惜しみなくその技術や心を後続に伝えてくれました。その恩返しをするべき時期に、僕はきているのかもしれません。

エピローグ
よきファシリテーション、水の如し

何もしていないように見える

先日、進行させていただいた会議でのこと。ある全国組織の年次方針会議のファシリテーションを担当させていただきました。北海道から沖縄まで、各地の県のトップクラスが集い、延べ一四〇名を超える熱意ある参加者が、「この時代の変化をどうとらえ、自分たちの組織がどういう役割を果たしていくべきか」を真剣に討議します。私の役割は、全体のファシリテーターなので、その一四〇名がほどよく混じりあい、よいリズムで話し合える手伝いをします。

年始の会議ということもあったので、ちょっと「書き初め」的なワークを取り入れてみました。「今年をどういう年にしたいか」を意思表明するわけです。また、二人組み、四人組みといった小グループで話し合う手法を入れながら、後半は、関心別のグループワークに突入。あっという間に三時間という持ち時間を終え、それぞれが思いの丈を語り、相互の刺激を得て、「よし、新しい年をこういうふうに迎えるぞ！」と帰宅の途につくまでを手伝いました。

会議後、あるスタッフが近くに寄ってきて、「青木さんは、何もしていないように見える」と言いました。

「ほとんどの時間、自分の椅子に座ったり、文具コーナーの片づけをしている感じで、何もしていないように見えました。少人数やグループワークで話し合っているのに、その内容を聞きにいこうともしない。場合によっては、みんなが真剣に話し合っているのに、ロビーに出てコーヒーを飲んだり、トイレに行ったりもしているようにも見受けられました。それでよいのでしょうか?」とのこと。

「そうですか」と、受けると、「でも、それでいて、参加者のみなさんは熱意を持って話し合い、それぞれ満足して帰っているようにも見えます。不思議です。よくわからない」ともおっしゃいました。正直なコメントで、ありがたくも思いました。

私が尊敬するファシリテーターの一人で、まだお会いしたことのない外国の方ですが、ロバート・チェンバースという方がいます。チェンバースさんは、世界中の農村開発をお手伝いするファシリテーターとして、辺境の村々に出向いて、その土地の未来をつくる話し合いを進行してきた方です。大変立派な業績を残した高名な方ではあるのですが、当人はいたって謙虚で、ある意味みすぼらしく、ぱっとしない風体だと聞いています。「ロバート・チェンバースさんが会場に来ている」と聞いて、探してまわったが、なかなか見つからず結局、もっとも冴えないオジサンがその人だったと、ある方がレポートしたものを読んだこともあります。その著書『参加型ワークショップ入門』（野田直人訳、明石書店）には、「ファシリテーターたるもの、グループワーク中に、各グループを見て回るようなことをせず、ちらばったマジックを片づけていればよいのだ」という記述も残しているようなお方です。

尊敬する人に影響を受けるのは私も同様で、なるべくそういう立ち位置で仕事をしたいものだ、と思っていました。なので、このスタッフのコメントは、自分にとっては大きなほめ言葉になっています。

子どものころから老成していて

たまたまそういう家庭に生まれたからか、子どものころから「青木くんは老成している」と言われることが多くありました。小学校高学年で仏典をよく読み、中学校に入って、「論語」「老子」「孫子」「韓非子」などの中国の思想家の本を好んで読みふけりました。あいにく同世代の仲間たちからはさっぱり理解されず、唯一、中学校の校長先生とだけ話が合ってほっとするような思春期でした。

なかでも、私に大きな影響を与えたのは「老子」です。「老子」の言葉は、若き私の体にどんどん入ってきて、自分の基本的な考え方をつくっていきます。

ファシリテーションというものに出会ったのは一九歳、それを専門にする事務所を立ち上げたのが二七歳ですが、当時の私は、まだファシリテーションという技術にふりまわされた一介のワカモノでした。しかし、ここ数年、ようやく中学生のころに読んだ「老子」が、自分のやる仕事にフィットしてきて「そうか、中学生のころに読んだ、老子の言っていたことを実践するとこうなるんだ！」という実感を得ています。

大変私的なことではありますが、本書のシメということもあり、おそらくファシリテーションの極意にかかわることなので、ここでは、このことを書かせていただこうと思います。

「上善水の如し」

「老子」の残した言葉に、「上善水の如し」というのがあります。これは日本酒の銘柄にもなった有名な言葉で「ほんとうに善い生き方とは、水のようなものだ」という意味です。原文では、こう書かれています（「老子」八章）。

上善は水の若《ごと》し。
水は善《よ》く万物を利して争わず、
衆人の悪《にく》む所に処《お》る、
故に道に幾《ちか》し。

これは、「ほんとうに善い生き方とは、水のようなものだ。水は、あらゆる生命に恵みを与えながら、誰とも争うこともなく、人が嫌がる低い所、低い所に降りていこうとする。だから道（Tao）に近いのだ」という意味と、私はとらえています。

おそらく、よきファシリテーションも、ここに通じるのではないかと思い、充分に意識して自分の態度や、立ち振る舞いや言葉づかいに、より心を配りたいと思っています。

「万物を利して」……この場にいる、すべての参加者にとって、よき場になるよう努め
「争わず」……誰かを攻撃したり、誰かと争うためにそれを用いず
「衆人の悪む所に」……目立たず、謙虚に、事にかかわる

こういうふうに解釈してみると、たとえ同じようなファシリテーションの手法を用いたとしても、まったく違う雰囲気になってきます。

大事なのは、どういう手法を用いるかではなく、それを行う進行役や指導者である私たち自身が、「どういう心持ちで、その場にいるか」ではないかと思います。

自分流のファシリテーションを

こういう心境にいたってきたのは、私自身が不惑を迎え、それなりに経験を経てきてのことなので、個人的にはそれなりに喜ばしいことなのですが、少々難点も出てきています。それは「みなさんが真似しにくい」ということ。

私は、ファシリテーションに関する講座や大学の授業を担当することも多くあります。かつては、「ファシリテーションは技術だ。だから、やり方さえわかれば、誰でも習得できるだろう」と思って、たくさんの人にその技術を伝えてきました。しかし、最近は、「これは、技術だけの問題じゃない。それを扱う人の腹が据わって心構えがしっかりしてこないと、うまくその技術を使いこなせないんだ」と、思うようになりました。そうなってから、だんだん講座や授業で、技術を

伝えることに抵抗を感じはじめました。こういう原稿でも、技術的なことを書けば書くほど、「本当にこれで正しく伝わっていくのだろうか？」という不安さえ出てくるようになりました。

おそらく、どなたも私と同じようにはできないんだろう、と最近は思うようになってきていま す。そして、どなたも、ロバート・チェンバースさんのようにも、できない。影響を受けること はあるし、よきファシリテーターから学ぶことはできますが、結局のところは、自分という人間の器に合ったものしか、自分の身につかないのだと思うようになっています。

ですから、最近は、ファシリテーション講座においても、「ぜひ、自分流のファシリテーション・スタイルを見つけていきましょう。私が教えても、そのとおりに必ずしもやる必要もありません。自分にフィットしたやり方、自分が向き合う参加者や学習者にとって、もっとも適切なやり方を模索しましょう」と伝えるようになっています。

この本を読んでくださった読者のみなさんにも、ぜひお伝えしたいです。「自分流のファシリテーション」をつくっていきましょう。みなさんが相対している教室の子どもたちは、毎年まったく違った個性を持ち、違った集団力学の中で育っているはずです。そして、教師であるみなさん自身も、毎年、毎日、何らかの刺激を受け、成長し、発展途上なのではないかと思います。ぜひ、自分と、学習者にもっとも必要なファシリテーション・スタイルを模索しつづけていってほしいと思います。

この本を読んでくださり、ありがとうございました。またどこかでお目にかかれれば、幸いです。

あとがき

「あなたのやっていることは、学校や国会にこそ必要だ」

初めて出会った方と、名刺交換をして「どんなお仕事をしているんですか?」という質問に答えると、何人もの方が、このセリフを僕に届けてくれました。僕自身は、会議のファシリテーションが本業で、家族会議から国際会議まで、あらゆるジャンルの話し合いを進行させていただくのが仕事です。そういう意味で教育現場は、ちょっと「畑違い」なところがありました。が、うちの娘や息子が小学校に通い始めるにつれ、「あー、確かに、学校現場にもファシリテーションが必要なんだな」と感じるシーンに出会いました。そんな折、前著『リラックスと集中を一瞬でつくるアイスブレイク ベスト50』でもお世話になった、雑誌『月刊学校教育相談』にて学校の先生方向けのファシリテーションの連載をさせていただく、大変ありがたい機会をもらいました。その二〇一五年四月号から二年間の連載をベースに修正・再構成し、対談などを加えたのがこの本です。

大学では授業をもっていますが、教員免許もなければ、実際に小中高校の教壇に立ったことのない僕が書いた本ですので、いまいちピントはずれなところもあるかと思います。もしそうだったら、ごめんなさい。この本で対談させていただいた岩瀬直樹さんは、「この本は、学校現場の外の人が書いているから面白いんだよ」と優しい言葉をかけてくれました（泣くほどうれし！）。どうか、実際にそうでありますように。当人としては、学校現場の先生方のご苦労を想像して、できるかぎり役立てるように書いたつもりです。

が、今一度、内容を見直すと、学校向けのファシリテーションの本でありながら、山伏、落語、スター・ウォーズ、大谷翔平、ネイティブ・アメリカン、老子といった、「学校とぜんぜん関係ないじゃん！」と突っ込まれそうなコンテンツもふんだんにちりばめられた本になっています。これもまた、学校現場外の人が書いた面白みと思って、楽しんでいただければ幸いです。

また、この本は、学校の先生方をメインの読者として想定した本になっていますが、実のところ「教える」「人を育てる」仕事をしているすべての方にお役に立ててもらえたらうれしいです。自動車教習所の先生や、コーチングや人材育成の仕事をしている方、個性的な社員を抱える中小企業の社長さん、部下の成長を期待する上司などなど、さまざまな方のお役に立てますように。

僕が日本で初めての会議ファシリテーション専門事務所を設立したのが二〇〇三年のこと。プロの進行役にお金を払ってファシリテーションを依頼するという習慣がなかった日本で、まがりなりにもここまでやってこられたのは、この本に登場するファシリテーターの先輩方の教えや、周りの方々のたくさんの支え、そして、家族の応援があったからです。これまでお世話になった方々への感謝の気持ちをこめて、筆を置きます。ありがとうございました。

二〇一八年五月

青木将幸

青木 将幸（あおき まさゆき）
ミーティング・ファシリテーター
北九州市立大学・都留文科大学非常勤講師

1976年生まれ。熊野出身。環境NGOでの活動経験や、企画会社勤務を経て、2003年に青木将幸ファシリテーター事務所を設立。「会議を変えれば、社会が変わる」をモットーに家族会議から国際会議まで、領域を問わずさまざまな会議の進行役として全国各地を飛び回っている。大学では「ワークショップ論」や「ファシリテーション特講」などを担当。

子どもが小学生になったのをきっかけに近隣の学校に出かけ、教員研修や、教員同士の会議進行、ならびに学級会や生徒会の話し合いの持ち方などへのアドバイスも行っている。

［おもな著書］

『市民の会議術 ミーティング・ファシリテーション入門』ハンズオン！埼玉出版部、2012年

『リラックスと集中を一瞬でつくる アイスブレイク ベスト50』ほんの森出版、2013年

『マーキーのこんな会議を見た!! やってみよう、ファシリテーション』東京ボランティア市民活動センター、2016年

深い学びを促進する
ファシリテーションを学校に！

2018年７月７日 初 版 発行
2019年１月20日 第２版 発行

著 者 青木将幸
発行人 小林敏史
発行所 ほんの森出版株式会社
〒145-0062 東京都大田区北千束3-16-11
TEL 03-5754-3346 FAX 03-5918-8146
https：//www.honnomori.co.jp

印刷・製本所 研友社印刷株式会社

 ISBN978-4-86614-108-4 C3037